U0925648

全译插图典藏版

小岩井
译注

浙江教育出版社 · 杭州

目·录

南山经

南山经

䧿山与招摇山

【原文】

南山之首曰䧿山。其首曰招摇之山，临于西海之上，多桂，多金玉。有草焉，其状如韭而青华①，其名曰祝馀，食之不饥。有木焉，其状如榖而黑理，其华四照，其名曰迷榖②，佩之不迷。有兽焉，其状如禺③而白耳，伏行人走，其名曰狌狌④，食之善走。丽𪊨⑤之水出焉，而西流注于海，其中多育沛，佩之无瘕疾⑥。

【注释】

①青华："华"通"花"，青色的花。

②榖（gǔ）：构树，落叶乔木，花绿果红，树皮是中国古代造纸原料。也称楮（chǔ）。这里的迷榖是树名。

③禺（yù）：古代传说中的一种猴。形似猕猴，有红色的眼睛、长长的尾巴。

④狌狌（xīng xīng）：即猩猩。

⑤丽𪊨（jǐ）：传说中的水名。

⑥瘕（jiǎ）疾：腹中有寄生虫导致肿胀的疾病，即蛊胀病 。

【译文】

南方山系的第一列叫作䧿山山系。䧿山山系中的第一座山是招摇山，它位于西海边上，山上有许多桂树，蕴藏着丰富的金属和玉石。山中有一种草，外形像韭菜却开青色的花朵，这种草的名字是祝馀，人如果吃了就不会感到饥饿。山上有一种树木，外形类似构树，却有着黑色的纹理，它的花会发光，可以照耀四周，这种树的名字叫迷榖，人若佩戴着此树的枝就不会迷路。山中有一种野兽，长得像猕猴，却有一双白色的耳朵，能够爬行也能够直立行走，名叫狌狌，吃了狌狌的肉可以让人走路飞快。丽𪊨的水是从这座山发源的，然后往西汇入大海，水中有许多名为育沛的植物，人只要把育沛佩戴在身上，就不会得蛊胀病。

堂庭山与即翼山

【原文】

又东三百里，曰堂庭之山，多棪木[①]，多白猿，多水玉，多黄金。

又东三百八十里，曰即翼之山，其中多怪兽，水多怪鱼，多白玉，多蝮虫[②]，多怪蛇，多怪木，不可以上。

【注释】

①棪（yǎn）木：如今柿树科、柿树属的君迁树，为一种乔木，结出的果实像苹果，表面红了即可食用。

②蝮虫：又称反鼻虫，为中国古代神话传说中的毒蛇名，又称为蝮蛇。

【译文】

再往东三百里，有座山名为堂庭山，山上有许多棪木，有许多白色的猿猴，还蕴藏着丰富的水晶石以及黄金。

再往东三百八十里，有座山名为即翼山，山上有着许多怪兽，水中有许多怪鱼，这里蕴藏了丰富的白玉，但也有很多蝮虫、怪蛇和奇形怪状的树木，因此人不能随便上这座山。

杻阳山

【原文】

又东三百七十里，曰杻阳之山，其阳多赤金，其阴多白金。

有兽焉，其状如马而白首，其文如虎而赤尾，其音如谣，其名曰鹿蜀[1]，佩之宜子孙。怪水出焉，而东流注于宪翼之水。其中多玄龟，其状如龟而鸟首虺尾[2]，其名曰旋龟，其音如判木，佩之不聋，可以为底。

【注释】

①鹿蜀：《山海经》中的野兽。它的样子像马，头部白色，身上的斑纹犹如虎斑，长有一条红色的尾巴，鸣叫的声音如人在唱歌。

②虺（huǐ）：传说中的毒蛇，常在水中，修炼多年可化为蛟龙。

【译文】

再往东三百七十里，有山名为杻阳山，山南面蕴藏着丰富的赤金，北面蕴藏着丰富的白银。山中生活着一种野兽，头部是白色的，长得像马，身上的斑纹像虎纹，尾巴是红色的，这种野兽鸣叫的声音就像人在唱歌，名为鹿蜀，人若把它的毛皮穿戴在身上可以多子多孙。怪水从这座山发源，然后向东流入宪翼之水。怪水中有众多玄色的龟，外形像普通乌龟，却长着鸟一样的头和毒蛇般的尾巴，名为旋龟，它的叫声像木头被劈开时的响声，佩戴这种龟，耳朵就不会聋，还可以治愈脚底的老茧。

柢山

【原文】

又东三百里，曰柢山[1]，多水，无草木。有鱼焉，其状如牛，陵居，蛇尾有翼，其羽在魼[2]下，其音如留牛，其名曰鯥[3]，冬死而夏生，食之无肿疾。

旋龟

【注释】

①柢（dǐ）山：古山名。

②鲑（xié）：本指比目鱼，念“qū”，这里通“胁”，指的是鱼的肋骨部位。

③鯥（lù）：传说中的一种鱼，具体不详。

【译文】

再往东三百里，有山名为柢山，山上有很多流水，没有花草树木。水中有鱼，外形像牛，在山坡上栖息，有着蛇一样的尾巴，有翅膀，翅膀长在肋骨处，鸣叫的声音像牦牛，这种鱼名为鯥，它在冬天蛰伏休眠如同死亡，夏天又重新苏醒，只要吃了它的肉就能使人不患痈肿类疾病。

亶爰山

【原文】

又东四百里，曰亶爰之山[1]，多水，无草木，不可以上。有兽焉，其状如狸而有髦[2]，其名曰类，自为牝牡[3]，食者不妒。

【注释】

①亶爰（chán yuán）之山：古代传说中的山名。

②髦（máo）：动物脖子上的毛发，这里指头发。

③牝牡（pìn mǔ）：指阴阳。泛指与阴阳有关的如雌雄、男女等。

【译文】

再往东四百里，有山名为亶爰山，山上有很多流水，没有花草树木，人们无法攀登。山中有一种野兽，外形像狸猫，却长着人一样的长头发，名为类，这种野兽雌雄共体，人要是吃了类的肉就不会产生嫉妒心。

基山

【原文】

又东三百里，曰基山，其阳多玉，其阴多怪木。有兽焉，其状如羊，九尾四耳，其目在背，其名曰猼訑[①]，佩之不畏。有鸟焉，其状如鸡而三首六目、六足三翼，其名曰鸈鸺[②]，食之无卧。

【注释】

①猼訑（bó shì）：中国古代传说中一种样子像羊的怪兽。

②鸈鸺（chǎng fū）：中国古代传说中一种鸟的名字。

【译文】

再往东三百里，有山名为基山，山南蕴藏着丰富的玉石，山北有很多奇形怪状的树木。山中有一种野兽，外形像羊，但是长着九条尾巴和四只耳朵，眼睛长在背上，名为猼訑，人身披着它的皮毛就不会感到畏惧。山中还有一种鸟，外形如鸡，却长着三个脑袋、六只眼睛，还有六只脚、三只翅膀，名为鸈鸺，吃了它的肉，人就不会疲惫瞌睡。

青丘山

【原文】

又东三百里，曰青丘之山，其阳多玉，其阴多青雘[①]。有兽焉，其状如狐而九尾，其音如婴儿，能食人；食者不蛊。有鸟焉，其状如鸠，其音若呵，名曰灌灌，佩之不惑。英水出焉，南流注于即翼之泽。其中多赤鱬[②]，其状如鱼而人面，其音如鸳鸯，食之不疥[③]。

【注释】

①青雘（huò）：丹青，一种涂料或染料，颜色很好看。

②赤鱬（rú）：人面鱼身的野兽，音如鸳鸯，食之可以疗病。

③疥（jè）：疥疮，一种传染性皮肤病。

【译文】

再往东三百里，有山名为青丘，山南蕴藏着丰富的玉石，山北蕴藏着丰富的青雘。山中有一种野兽，长得像狐狸且有九条尾巴，鸣叫的声音如同婴儿啼哭，会吃人；人如果吃了它的肉可以不被邪气、毒气入侵。山中还有一种鸟，长得像斑鸠，鸣叫的声音好像人类在吵架，名为灌灌，把它的羽毛戴在身上会让人意志坚定、不受迷惑。英水从这座山起源，然后向南流入即翼泽。泽中有很多赤鱬，外形像普通的鱼，却有着一副人的面孔，发出的声音如同鸳鸯，吃了它的肉就能不生疥疮。

箕尾山

【原文】

又东三百五十里，曰箕尾之山，其尾踆[①]于东海，多沙石。汸水[②]出焉，而南流注于淯[③]，其中多白玉。

【注释】

①踆（dūn）：本念“cūn”，此处通“蹲”，表示蹲居。

②汸（fāng）水：古代河流名，据说为今江西北面的昌江。

③淯（yù）：古代河流名，有说是如今河南的白河，是汉江的某条支流。

【译文】

再往东三百五十里，有山名为箕尾山，山的尾端坐落于东海岸，多

赤鱬

沙石。汸水从这座山发源，然后向南流入淯水，水中蕴藏着丰富的白玉。

南山经 总结

【原文】

凡䧿山之首，自招摇之山，以至箕尾之山，凡十山，二千九百五十里。其神状皆鸟身而龙首。其祠之礼：毛用一璋玉瘗[①]，糈用稌米，一璧，稻米、白菅为席。

【注释】

①瘗（yì）：掩埋，埋葬。

【译文】

纵观䧿山山系的首尾，从招摇之山起，到箕尾山为止，总共有十座山，途经二千九百五十里。诸山山神都是鸟身龙头的样子。祭祀山神的典礼是这样的：把带毛的动物和一块璋、一块玉一起埋入地下，祭祀神的精米为稻米，神的座席为白茅草制成。

南次二经

柜山

【原文】

南次二山之首，曰柜山，西临流黄，北望诸䳜[①]，东望长右。英水出焉，西南流注于赤水，其中多白玉，多丹粟[②]。有兽焉，其状如豚，有距，其音如狗吠，其名曰狸力，见则其县多土功。有鸟焉，其状如鸱[③]而人手，其音如痺[④]，其名曰鴸[⑤]，其名自号也，见则其县多放士。

【注释】

①䳜：原文此处是生僻字，上边囟下边比，通“毗”，此处是指诸山和水。

②丹粟（sù）：红色的细小的沙粒，如同粟米。

③鸱（chī）：古书上指鹞鹰。

④痺（bēi）：雌鹌鹑。

⑤鴸（zhū）：其实就是猫头鹰的古称。

【译文】

南方的第二列山系中，第一座山名为柜山，它的西边临近流黄国，往北可以望见诸多的山水，向东可以望见长右山。英水从这座山发源，向西南流入赤水，水中蕴藏着丰富的白玉，还有很多粟粒般大小的丹砂。山中有一种野兽，外形如同普通的小猪，但是长着一双鸡爪，叫的声音如同狗吠，名为狸力，出现狸力的县城都是大兴土木之事的地方。山上还有一种鸟，长得像鹞鹰，却有人手一样的爪子，鸣叫声如同雌鹌鹑，名为鴸，鴸出现的地方多为文士被流放之地。

长右山

【原文】

东南四百五十里，曰长右之山，无草木，多水。有兽焉，其状如禺[①]而四耳，其名长右，其音如吟，见则其郡县大水。

【注释】

①禺（yù）：古代的一种猴。

【译文】

从柜山往东南走四百五十里，有山名为长右，山上没有花草树木，但是有很多流水。山中有一种野兽，外形像猕猴，却长着四只耳朵，名为长右，叫声如同人在呻吟，任何郡县一旦出现长右，肯定会发生大水灾。

尧光山

【原文】

又东三百四十里，曰尧光之山，其阳多玉，其阴多金。有兽焉，其状如人而彘鬣[①]，穴居而冬蛰，其名曰猾裹[②]，其音如斫木[③]，见则县有大繇[④]。

【注释】

①彘鬣（zhì liè）：指猪身上长得长而刚硬的毛。

②猾裹（huái）：传说中的野兽名。

③斫（zhuó）木：用刀、斧砍木头。

④繇：通“徭”，指徭役。

【译文】

再往东三百四十里，有山名为尧光山，山南蕴藏着丰富的玉石，山北蕴藏着丰富的金属。山中有一种野兽，外形像人却长有猪那样刚硬的鬣毛，住在洞穴中，冬季蛰伏不出，名为猾褢，叫声如同砍木头时发出的响声，哪里出现猾褢，哪里就有繁重的徭役。

羽山

【原文】

又东三百五十里，曰羽山，其下多水，其上多雨，无草木，多蝮虫。

【译文】

再往东三百五十里，有山名为羽山，山下有很多流水，山上经常下雨，没有花草树木，山里到处是蝮虫。

瞿父山

【原文】

又东三百七十里，曰瞿父之山，无草木，多金玉。

【译文】

再往东三百七十里，有山名为瞿父山，山上没有花草树木，但是蕴藏着丰富的金属和玉石。

句馀山

【原文】

又东四百里，曰句馀之山，无草木，多金玉。

【译文】

再往东四百里，有山名为句馀山，山上没有花草树木，但蕴藏着丰富的金矿和玉石。

浮玉山

【原文】

又东五百里，曰浮玉之山，北望具区①，东望诸毗。有兽焉，其状如虎而牛尾，其音如吠犬，其名曰彘，是食人。苕水②出于其阴，北流注于具区。其中多鮆鱼③。

【注释】

①具区：太湖之古称。

②苕（tiáo）水：水名，在今浙江省境内。

③鮆（cǐ）鱼：又名刀鱼、鲚鱼。头长而狭薄，腹背像刀刃，故名刀鱼，大多生活在具区泽。

【译文】

再往东五百里，有山名为浮玉山，在山上向北可以望见具区泽，向东可以望见诸多山水。山中有一种野兽，外形像老虎却长着牛的尾巴，发出的叫声如同狗吠，名为彘，会吃人。苕水从这座山的北麓发源，向北流入具区泽，水里面有很多鮆鱼。

成山

【原文】

又东五百里，曰成山，四方而三坛，其上多金玉，其下多青雘[1]。閟水[2]出焉，而南流注于虖勺[3]，其中多黄金。

【注释】

①青雘（huò）：丹青，一种涂料或染料，颜色很好看。

②閟（zhuō）水：水名。

③虖（hū）勺：水名。

【译文】

再往东五百里，有山名为成山，形状是四四方方的，而且是三层土坛，山上蕴藏着丰富的金属和玉石，山下蕴藏着丰富的青雘。閟水从此山起源，然后向南流入虖勺水，水中有丰富的黄金。

会稽山

【原文】

又东五百里，曰会稽之山，四方，其上多金玉，其下多砆石[1]。勺水出焉，而南流注于湨[2]。

【注释】

①砆（fū）石：类似玉的石头。

②湨（jú）：水名，据考证可能是今天浙江南部的瓯江。

【译文】

再往东五百里，有山名为会稽山，山呈现四方形，并且山上蕴藏着丰富的金属和玉石，山下蕴藏着丰富的砆石。勺水从这座山发源，然后向南流入湨水。

夷山

【原文】

又东五百里，曰夷山，无草木，多沙石，湨水出焉，而南流注于列涂。

【译文】

再往东五百里，有山名为夷山，山上没有花草树木，多是沙石，湨水从这座山发源，然后向南流入列涂水。

仆勾山

【原文】

又东五百里，曰仆勾之山，其上多金玉，其下多草木，无鸟兽，无水。

【译文】

再往东五百里，有山名为仆勾山，山上蕴藏着丰富的金属和玉石，山下有繁茂的花草树木，这里没有飞鸟走兽，也没有水。

咸阴山

【原文】

又东五百里，曰咸阴之山，无草木，无水。

【译文】

再往东五百里，有山名为咸阴山，山上没有花草树木，也没有水。

洵山

【原文】

又东四百里，曰洵山。其阳多金，其阴多玉。有兽焉，其状如羊而无口，不可杀也，其名曰䍺①。洵水出焉，而南流注于阏②之泽，其中多芘蠃③。

【注释】

①䍺（huàn）：长得像羊的野兽。

②阏（è）：湖泊名。

③芘蠃（zǐ luó）：通“紫螺”，紫色的螺。

【译文】

再往东四百里，有山名为洵山。山南蕴藏着丰富的金属，山北蕴藏着丰富的玉石。山中有一种野兽，外形像寻常的羊却没有嘴巴，不吃东西也不会死，名䍺。洵水从这座山发源，然后向南流入阏泽，水中有很多紫色的螺。

䍶

虖勺山

【原文】

又东四百里，曰虖勺[①]之山。其上多梓楠[②]，其下多荆杞[③]。滂水出焉，而东流注于海。

【注释】

①虖（hū）勺：山名。

②梓楠（nán）：梓树和楠树，落叶乔木。

③荆杞：荆，即牡荆；杞，即枸杞。

【译文】

再往东四百里，有山名为虖勺山。山上有许多梓树和楠树，山下长着很多牡荆和枸杞。滂水从这座山发源，然后向东流入大海。

区吴山

【原文】

又东五百里，曰区吴之山，无草木，多沙石。鹿水出焉，而南流注于滂水。

【译文】

再往东五百里，有山名为区吴山，山上没有花草树木，多是沙石。鹿水从这座山发源，然后向南流入滂水。

鹿吴山

【原文】

又东五百里，曰鹿吴之山，上无草木，多金石。泽更之水出焉，而南流注于滂水。水有兽焉，名曰蛊雕，其状如雕而有角，其音如婴儿之音，是食人。

【译文】

再往东五百里，有山名为鹿吴山，山上没有花草树木，但蕴藏着丰富的金属和玉石。泽更水从这座山发源，然后向南流入滂水。水中有一种野兽，名叫蛊雕，外形像寻常的雕鹰，头上却长着角，发出的声音如同婴儿啼哭，会吃人。

漆吴山

【原文】

又东五百里，曰漆吴之山，无草木，多博石，无玉。处于海，东望丘山，其光载出载入，是惟日次。

【译文】

再往东五百里，有山名为漆吴山，山上没有花草树木，有很多可以用来做棋子的博石，却没有玉石。这座山位于海滨，在山上往东边远望是片丘陵，远处有光影忽明忽暗，那是太阳的停歇之处。

蛊雕

南次二经 总结

【原文】

凡南次二山之首，自柜山至于漆吴之山，凡十七山，七千二百里。其神状皆龙身而鸟首。其祠：毛用一璧瘗，糈用稌。

【译文】

纵观南方第二列山系的首尾，从柜山起到漆吴山止，一共十七座山，途经七千二百里。诸山山神的外形都是龙的身体、鸟的头。祭祀山神的典礼如下：把牲畜和玉璧一起埋入地下，祀神的精米用稻米。

南次三经

天虞山

【原文】

南次三山之首，曰天虞之山，其下多水，不可以上。

【译文】

南方第三列山系的第一座山，名为天虞山，山下到处是流水，人无法攀登上去。

祷过山

【原文】

东五百里，曰祷过之山，其上多金玉，其下多犀兕[1]，多象。有鸟焉，其状如䴔[2]，而白首、三足、人面，其名曰瞿如，其鸣自号也。泿水[3]出焉，而南流注于海。其中有虎蛟，其状鱼身而蛇尾，其音如鸳鸯，食者不肿，可以已痔。

【注释】

①犀兕（sì）：犀牛和兕。兕是一种上古瑞兽，状如水牛，全身青黑色，板角。逢天下将盛之时就会出现。

②䴔（jiāo）：传说中的一种水鸟，长得像野鸭子。

③泿（yín）水：古河名，在今广西壮族自治区。

【译文】

从天虞山往东五百里，有山名为祷过山，山上蕴藏着丰富的金属和玉石，山下有很多犀牛与兕，还有很多大象。山中有一种鸟，长得像䴔，

虎蛟

却是白色的脑袋，长着三只脚，有和人一样的脸，名为瞿如，它的鸣叫声就是自身名称的读音“瞿如”。泿水从这座山发源，然后向南流入大海。水中有一种虎蛟，外形像普通的鱼，却拖着一条蛇一样的尾巴，叫声如同鸳鸯，吃了它的肉就能使人不生痈肿，还可以治愈痔疮。

丹穴山

【原文】

又东五百里，曰丹穴之山，其上多金玉。丹水出焉，而南流注于渤海。有鸟焉，其状如鸡，五采而文，名曰凤皇，首文曰德，翼文曰顺，背文曰义，膺文曰仁，腹文曰信。是鸟也，饮食自然，自歌自舞，见则天下安宁。

【译文】

再往东五百里，有山名为丹穴山，山上蕴藏着丰富的金属和玉石。丹水从这座山发源，然后向南流入渤海。山中有一种鸟，外形像普通的鸡，全身上下都是五彩羽毛，名为凤凰，它头上的花纹是“德”字的形状，翅膀上的花纹是“顺”字的形状，背部的花纹是“义”字的形状，胸部的花纹是“仁”字的形状，腹部的花纹是“信”字的形状。这种鸟，吃喝很从容，常常是自个儿边唱边舞，只要它一出现，天下就会太平。

发爽山

【原文】

又东五百里，曰发爽之山，无草木，多水，多白猿。汎水出焉，而南流注于渤海。

【译文】

再往东五百里，有山名为发爽山，山上没有花草树木，到处都是流水，还有很多白色的猿猴。汎水从这座山发源，然后向南流入渤海。

旄山

【原文】

又东四百里，至于旄山之尾，其南有谷，曰育遗，多怪鸟，凯风自是出。

【译文】

再往东四百里，便到了旄山的尾端，此处的南面有一山谷，叫作育遗，这里有着许多奇怪的鸟，南风就是从这里吹出来的。

非山

【原文】

又东四百里，至于非山之首，其上多金玉，无水，其下多蝮虫。

【译文】

再往东四百里，便到了非山的顶部，山上蕴藏着丰富的金属和玉石，没有水，山下有很多蝮虫。

阳夹山

【原文】

又东五百里，曰阳夹之山，无草木，多水。

【译文】

再往东五百里，有山名为阳夹山，山上没有花草树木，到处都是流水。

灌湘山

【原文】

又东五百里，曰灌湘之山，上多木，无草。多怪鸟，无兽。

【译文】

再往东五百里，有山名为灌湘山，山上到处是树木，但没有花草。山中有许多奇怪的鸟，却没有野兽。

鸡山

【原文】

又东五百里，曰鸡山，其上多金，其下多丹雘。黑水出焉，而南流注于海。其中有鲑鱼，其状如鲋而彘毛，其音如豚，见则天下大旱。

【译文】

再往东五百里，有山名为鸡山，山上蕴藏着丰富的金属，山下蕴藏着丰富的丹雘。黑水从这座山发源，然后向南流入大海。水中有一种叫鲑鱼的鱼，外形像鲫鱼却长着猪毛，发出的声音如同小猪叫，它一出现就会天下大旱。

令丘山

【原文】

又东四百里，曰令丘之山，无草木，多火。其南有谷焉，曰中谷，条风自是出。有鸟焉，其状如枭，人面四目而有耳，其名曰颙，其鸣自号也，见则天下大旱。

【译文】

再往东四百里，有山名为令丘山，山上没有花草树木，到处烧着野火。山的南边有一山谷，叫作中谷，东北风就是从这里吹出的。山中有一种鸟，外形像猫头鹰，却长着一副人脸和四只眼睛，而且有耳朵，名字叫颙，它发出的叫声和自身名称的读音相同，这种鸟一出现，天下就会大旱。

仑者山

【原文】

又东三百七十里，曰仑者之山，其上多金玉，其下多青雘。有木焉，其状如穀而赤理，其汁如漆，其味如饴，食者不饥，可以释劳，其名曰白䓘，可以血玉。

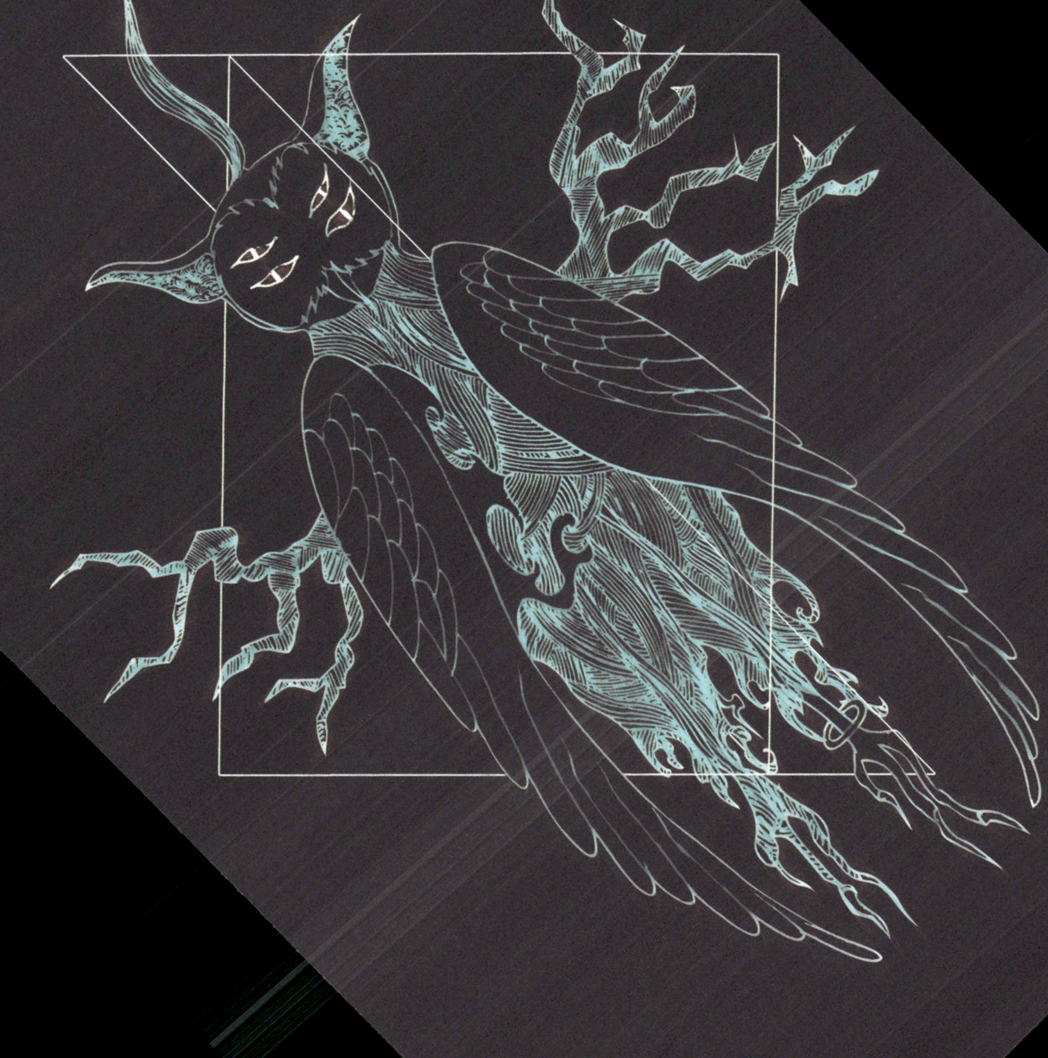

【译文】

再往东三百七十里，有山名为仑者山，山上蕴藏着丰富的金属与玉石，山下蕴藏着丰富的青雘。山中有一种树木，外形像普通的构树却有着红色的纹理，枝干流出的汁液似漆，味道是甜的，人吃了就不会感到饥饿，还可以忘记忧愁，名为白䓘，可以用它将玉石染红。

禺稾山

【原文】

又东五百八十里，曰禺稾之山，多怪兽，多大蛇。

【译文】

再往东五百八十里，有山名为禺稾山，山中有很多奇怪的野兽，还有很多大蛇。

南禺山

【原文】

又东五百八十里，曰南禺之山，其上多金玉，其下多水。有穴焉，水出辄入，夏乃出，冬则闭。佐水出焉，而东南流注于海，有凤皇、鹓雏[①]。

【注释】

①鹓雏：鸟名。在古代传说中，鹓雏是和凤凰、鸾鸟同类的鸟。

【译文】

再往东五百八十里，有山名为南禺山，山上蕴藏着丰富的金属和玉石，山下有很多流水。山中有一个洞穴，春天时水会流入洞穴，夏天时又会流出洞穴，到冬天则闭塞不通。佐水从这座山发源，然后向东南流入大海，佐水流经的地方栖息着凤凰和鹓雏。

南次三经 总结

【原文】

凡南次三山之首，自天虞之山以至南禺之山，凡一十四山，六千五百三十里。其神皆龙身而人面。其祠皆一白狗祈，糈用稌。

右南经之山，大小凡四十山，万六千三百八十里。

【译文】

纵观南方第三列山系之首尾，从天虞山起到南禺山止，一共十四座山，途经六千五百三十里。诸山山神都是龙的身体、人的脸。祭祀山神的方法是用一只白色的狗作供品祈祷，祀神的精米用稻米。

以上是《南山经》中所记的山，总共大大小小四十座山，总长达一万六千三百八十里。

西山经

西山经

华山与钱来山

【原文】

西山华山之首，曰钱来之山，其上多松，其下多洗石[①]。有兽焉，其状如羊而马尾，名曰羬羊[②]，其脂可以已腊[③]。

【注释】

①洗石：一种古代人洗澡时用来擦去污垢的含有碱的石头。

②羬（qián）羊：古书上说的一种大尾羊。

③腊（xī）：原意是风干的腊肉，这里指皴裂的皮肤。

【译文】

西方山系的第一列山系是华山山系，其中的第一座山名为钱来山，山上有许多松树，山下有很多洗石。山中有一种野兽，其外形类似羊，却有马一样的尾巴，名为羬羊，它们的油脂可以用来滋润干裂的皮肤。

松果山

【原文】

西四十五里，曰松果之山，濩水[①]出焉，北流注于渭，其中多铜。有鸟焉，其名曰䳋渠[②]，其状如山鸡，黑身赤足，可以已𦢊[③]。

【注释】

①濩（huò）水：据考证为今陕西省西安市临潼区境内的潼河。

②䳋（tóng）渠：一种大型水鸟。

③𦢊（báo）：指皮肤皱起的现象，即爆皮。

【译文】

从钱来山往西四十五里，有山名为松果山，濩水从这座山发源，向北流入渭水，水中蕴藏着丰富的铜。山中有一种鸟，名为螐渠，外形如寻常的野鸡，却有黑色的身体和红色的爪子，可以用它来治疗皮肤皴裂。

太华山

【原文】

又西六十里，曰太华之山，削成而四方，其高五千仞，其广十里，鸟兽莫居。有蛇焉，名曰肥遗[①]，六足四翼，见则天下大旱。

【注释】

①肥遗（wèi）：中国古代神话传说中的旱魃之兆。

【译文】

再往西六十里，有山名为太华山，山崖陡峭得像刀削的，呈四方形，山高五千仞，宽十里，飞禽走兽都无法在那里生存。山中有一种蛇，名为肥遗，长着六只脚和四只翅膀，一出现就会天下大旱。

小华山

【原文】

又西八十里，曰小华之山，其木多荆杞，其兽多㸲牛[①]，其阴多磬石[②]，其阳多㻬琈之玉[③]。鸟多赤鷩[④]，可以御火。其草有萆荔[⑤]，状如乌韭，而生于石上，亦缘木而生，食之已心痛。

肥遗

【注释】

①㸲（zuó）牛：一种生活在小华山的大型山牛，体重达千斤。

②磬（qìng）石：可以制造打击乐器磬的石头。

③㻬琈（tū fú）：传说中的一种美玉。

④赤鷩（bì）：赤雉，即“锦鸡”。

⑤萆（bì）荔：一种香草，类似爬山虎，可以用来制作药物。

【译文】

再往西八十里，有山名为小华山，山上有许多牡荆和枸杞，山中的野兽大多是㸲牛，山北面蕴藏着丰富的磬石，山南面蕴藏着丰富的㻬琈玉。山中有许多赤鷩鸟，饲养这种鸟可以预防火灾。山中还有一种叫作萆荔的草，外形像乌韭，但生长在石头上面，也攀缘树木而生，人吃了能治愈心痛病。

符禺山

【原文】

又西八十里，曰符禺之山，其阳多铜，其阴多铁。其上有木焉，名曰文茎，其实如枣，可以已聋。其草多条，其状如葵，而赤华黄实，如婴儿舌，食之使人不惑。符禺之水出焉，而北流注于渭。其兽多葱聋，其状如羊而赤鬣[①]。其鸟多鴖[②]，其状如翠而赤喙，可以御火。

【注释】

①赤鬣（liè）：红色的脖颈毛。

②鴖（mín）：古书上说的一种红嘴鸟，外形像翠鸟。

【译文】

再往西八十里，有山名为符禺山，山南面蕴藏着丰富的铜，山北面蕴藏着丰富的铁。山上有一种树，名为文茎，结的果实像枣子，可以用来治疗耳聋。山中生长的草大多是条草，外形像葵，开的是红色的花朵，结的是黄色的果实，果实的外形像婴儿的小舌头，吃了此果可使人不受迷惑，意志坚定。符禺水从这座山发源，然后向北流入渭水。山中的野兽大多是葱聋，外形像普通的羊却长有红色的鬣毛。山中有许多叫鴖的鸟，外形像翠鸟却有着红色的嘴巴，饲养起来可以预防火灾。

石脆山

【原文】

又西六十里，曰石脆之山，其木多棕楠，其草多条，其状如韭，而白华黑实，食之已疥。其阳多㻬琈之玉，其阴多铜。灌水出焉，而北流注于禺水。其中有流赭[①]，以涂牛马无病。

【注释】

①流赭（zhě）：硫黄和赭石，都是天然矿物。

【译文】

再往西六十里，有山名为石脆山，山上的树大多是棕树和楠树，草大多是条草，样子与韭菜相似，开的是白色花朵而结的是黑色果实，人吃了这种果实可以治愈疥疮。山南面蕴藏着丰富的㻬琈玉，而山北面蕴藏着丰富的铜。灌水从这座山发源，然后向北流入禺水。水中蕴藏着丰富的硫黄和赭石等矿物，将这种水洒在牛、马的身上就能使它们健康不生病。

英山

【原文】

又西七十里，曰英山，其上多杻橿[①]，其阴多铁，其阳多赤金。禺水出焉，北流注于招水，其中多鲜鱼[②]，其状如鳖，其音如羊。其阳多箭䉋[③]，其兽多㸲牛、羬羊。有鸟焉，其状如鹑，黄身而赤喙，其名曰肥遗，食之已疠，可以杀虫。

【注释】

①杻橿（niǔ jiāng）：杻树和橿树。

②鲜（bàng）鱼：一种鱼的名字。

③箭䉋（mèi）：箭竹和䉋竹。箭竹是一种节长、根深、皮厚的竹子，可以制成箭。䉋竹的笋可以冬天挖来吃。

【译文】

再往西七十里，有山名为英山，山上有许多杻树和橿树，山北面蕴藏着丰富的铁，而山南面蕴藏着丰富的黄金。禺水从这座山发源，向北流入招水，水中有很多鲜鱼，外形像普通的鳖，发出的声音如同羊叫。山南面还长有很多箭竹和䉋竹，山里的野兽大多是㸲牛、羬羊。山中有一种鸟，外形像普通的鹌鹑，却长着黄色的身体、红色的嘴巴，名为肥遗，人吃了它的肉就能治愈麻风，还能杀死体内的寄生虫。

竹山

【原文】

又西五十二里，曰竹山，其上多乔木，其阴多铁。有草焉，其名曰黄雚[①]，其状如樗[②]，其叶如麻，白华而赤实，其状如赭，浴之已疥，又可以已胕[③]。竹水出焉，北流注于渭，其阳多竹箭，多苍玉。丹水出焉，东南流注于洛水，其中多水玉，多人鱼。有兽焉，其状如豚而白毛，毛大如笄[④]而黑端，名曰豪彘[⑤]。

【注释】

①黄雚（guàn）：草名。

②樗（chū）：臭椿。

③胕（fú）：浮肿。

④笄（jī）：中国古代女子用以装饰头发的一种簪子，用来插住绾起的头发，或插住帽子。

⑤豪彘（zhì）：就是豪猪。

【译文】

再往西五十二里，有山名为竹山，山上有许多乔木，山北面蕴藏着丰富的铁。山中有一种草，名为黄雚，外形像樗树，但叶子像麻叶，开白色的花朵，结红色的果实，果实外表的颜色是赭色，用它洗浴可治愈疥疮，又可以治疗浮肿。竹水从这座山发源，向北流入渭水，竹水的北岸有很多的小竹丛，还有许多青色的玉石。丹水也发源于这座山，向东南流入洛水，水中蕴藏着丰富的水晶石，还有很多人鱼。山中有一种野兽，外形像小猪却长着白色的毛，毛如簪子粗细，尖端呈黑色，名为豪彘。

浮山

【原文】

又西百二十里，曰浮山，多盼木，枳叶而无伤，木虫居之。

有草焉，名曰薰草，麻叶而方茎，赤华而黑实，臭如蘼芜[①]，佩之可以已疠。

【注释】

①蘼芜（mí wú）：一种香草，香气似白芷。

【译文】

再往西一百二十里，有山名为浮山，山上有很多盼木，它长着枳树一样的叶子却没有刺，树木上有虫子寄生。山中有一种草，名为薰草，叶子像麻叶却长着方方的茎杆，开红色的花朵而结黑色的果实，气味像蘼芜，把它戴在身上就可以治疗麻风。

羭次山

【原文】

又西七十里，曰羭次之山[①]，漆水出焉，北流注于渭。其上多棫橿[②]，其下多竹箭，其阴多赤铜，其阳多婴垣之玉[③]。有兽焉，其状如禺而长臂，善投，其名曰嚣。有鸟焉，其状如枭[④]，人面而一足，曰橐𩇯[⑤]，冬见夏蛰，服之不畏雷。

【注释】

①羭（yú）次之山：山名。

②棫橿（yù jiāng）：棫树和橿树。

③婴垣（yuán）之玉：婴垣就是脖子的意思，这种玉石可以制作成装饰品挂在脖子上。

④枭：猫头鹰。

⑤橐𩇯（tuó féi）：一种传说中的鸟类。

【译文】

再往西七十里，有山名为羭次山，漆水发源于此，向北流入渭水。山上有很多棫树和橿树，山下有茂密的小竹丛，山北面蕴藏着大量的赤铜，而山南面蕴藏着大量的婴垣玉。山中有一种野兽，长相像猿猴而双臂很长，擅长投掷，名为嚣。山中还有一种鸟，外形像猫头鹰，长着人一样的面孔，只有一只脚，叫作橐𩇯，常常是冬天出现而夏天蛰伏，人把它的羽毛佩戴在身上就不怕打雷。

时山

【原文】

又西百五十里，曰时山，无草木。逐水出焉，北流注于渭，其中多水玉。

【译文】

再往西一百五十里，有山名为时山，山上没有花草树木。逐水从这座山发源，向北流入渭水，水中蕴藏着丰富的水晶石。

南山

【原文】

又西百七十里，曰南山，上多丹粟。丹水出焉，北流注于渭。兽多猛豹，鸟多尸鸠[①]。

【注释】

①尸鸠：鸤鸠，常见的布谷鸟。

【译文】

再往西一百七十里，有山名为南山，山中到处是粟粒大小的丹砂。丹水从这座山发源，向北流入渭水。山中的野兽大多是猛豹一类，而鸟大多是布谷鸟。

大时山

【原文】

又西百八十里，曰大时之山，上多穀柞，下多杻橿，阴多银，阳多白玉。涔水出焉，北流注于渭。清水出焉，南流注于汉水。

【译文】

再往西一百八十里，有山名为大时山，山上有很多构树和柞树，山下有很多杻树和橿树，山北面蕴藏着大量的银，而山南面蕴藏着大量的白色玉石。涔水从这座山发源，向北流入渭水。清水也从这座山发源，却向南流入汉水。

嶓冢山

【原文】

又西三百二十里，曰嶓冢之山[①]，汉水出焉，而东南流注于沔[②]；嚣水出焉，北流注于汤水。其上多桃枝钩端[③]，兽多犀、兕、熊、罴[④]，鸟多白翰、赤鷩[⑤]。有草焉，其叶如蕙，其本如桔梗，黑华而不实，名曰蓇蓉[⑥]，食之使人无子。

【注释】

①嶓冢（bō zhǒng）之山：山名。又名汉王山，位于陕西省汉中市宁强县境内。

②沔（miǎn）：沔水，水名，在陕西省，是汉水的上流。

③桃枝钩端：桃枝竹和钩端竹。两者很相似。

④犀：犀牛。兕：青牛。熊：狗熊。罴（pí）：棕熊。

⑤白翰：白雉。赤鷩（bì）：锦鸡。

⑥蓇蓉（gū róng）：草名。

【译文】

再往西三百二十里，有山名为嶓冢山，汉水发源于此，然后向东南流入沔水；嚣水也发源于此，向北流入汤水。山上有很多桃枝竹和钩端竹，野兽以犀牛、兕、熊、罴居多，鸟类以白翰和赤鷩居多。山中有一种草，叶子长得像蕙草叶，茎杆却像桔梗茎，开黑色的花朵但不结果实，名为蓇蓉。人吃了它会不孕不育。

天帝山

【原文】

又西三百五十里，曰天帝之山，上多棕楠，下多菅蕙。有兽焉，其状如狗，名曰谿边，席其皮者不蛊。有鸟焉，其状如鹑，黑文而赤翁，名曰栎，食之已痔。有草焉，其状如葵，其臭如蘼芜，名曰杜衡，可以走马，食之已瘿。

【译文】

再往西三百五十里，有山名为天帝山，山上有很多棕树和楠树，山下有很多茅草和蕙草。山中有一种野兽，外形像狗，名为谿边，人坐卧在谿边的皮制成的坐垫上就不会中蛊毒。山中还有一种鸟，外形像鹌鹑，但长着黑色的花纹和红色的颈毛，名为栎，人吃了它的肉可以治愈痔疮。山中还有一种草，外形像葵菜，会散发出和蘼芜一样的气味，名为杜衡，在马身上放上杜衡可以使马跑得很快，而人吃了它可以治愈颈部的肿瘤。

皋涂山

【原文】

西南三百八十里，曰皋涂之山，蔷水出焉，西流注于诸资之水；涂水出焉，南流注于集获之水。其阳多丹粟，其阴多银、黄金，其上多桂木。有白石焉，其名曰礜[①]，可以毒鼠。有草焉，其状如槀茇[②]，其叶如葵而赤背，名曰无条，可以毒鼠。有兽焉，其状如鹿而白尾，马脚人手而四角，名曰玃如[③]。有鸟焉，其状如鸱而人足，名曰数斯，食之已瘿。

【注释】

①礜（yù）：一种矿物，是制砷和亚砷酸的原料，煅成末，可用来毒老鼠。

②槀茇（gǎo bá）：又名槀本，一种植物。

③玃（jué）如：中国古代传说中的兽名。

【译文】

往西南三百八十里，有山名为皋涂山，蔷水从这座山发源，向西流入诸资水；涂水也发源于此，向南流入集获水。山南面到处是粟粒大小的丹砂，山北蕴藏着丰富的银、黄金，山上有很多桂树。山中有一种白色的石头，名为礜，可以用来毒死老鼠。山中还有一种草，外形像藁茇，叶子像葵菜叶，但是背面是红色的，名为无条，也可以用来毒死老鼠。山中有一种野兽，外形像普通的鹿，却长着白色的尾巴，有着马一样的蹄、人一样的手，还有四只角，名为玃如。山中还有一种鸟，外形像鸮鹰，却长着像人一样的脚，名为数斯，吃了它的肉就能治愈人颈部的肿瘤。

黄山

【原文】

又西百八十里，曰黄山，无草木，多竹箭。盼水出焉，西流注于赤水，其中多玉。有兽焉，其状如牛，而苍黑大目，其名曰𤛎。有鸟焉，其状如鸮，青羽赤喙，人舌能言，名曰鹦䳇。

【译文】

再往西一百八十里，有山名为黄山，没有花草树木，只有很多小竹丛。盼水从这座山发源，向西流入赤水，水中蕴藏着丰富的玉石。山中有一种野兽，身形像普通的牛，却长着苍黑色的皮毛、大大的眼睛，名为𤛎。山中还有一种鸟，长得像鸮，却长着青色的羽毛和红色的嘴，有和人一样的舌头，能学人说话，名为鹦䳇。

翠山

【原文】

又西二百里，曰翠山，其上多棕楠，其下多竹箭，其阳多黄金、玉，其阴多㸲牛、麢、麝[①]。其鸟多𪁺，其状如鹊，赤黑而两首、四足，可以御火。

【注释】

①麝：香獐。

【译文】

再往西二百里，有山名为翠山，山上有很多棕树和楠树，山下有很多小竹丛，山南面蕴藏着丰富的黄金、玉石，山北面有很多牦牛、羚羊、香獐。山中的鸟大多是𪁺鸟，外形像普通的喜鹊，却长着红黑色羽毛和两个脑袋、四只脚，人养着它可以预防火灾。

騩山

【原文】

又西二百五十里，曰騩山[①]，是錞[②]于西海，无草木，多玉。淒水出焉，西流注于海，其中多采石[③]、黄金，多丹粟。

【注释】

①騩（guī）山：山名。

②錞（chún）：依附，靠近。这里是坐落的意思。

③采石：一种彩色的石头，为雌黄之类的矿物。

【译文】

再往西二百五十里，有山名为騩山，它坐落在西海边上，这里没有花草树木，却蕴藏着丰富的玉石。淒水从这座山发源，向西流入大海，水中蕴藏着丰富的彩色石头、黄金，还有很多粟粒大小的丹砂。

西山经 总结

【原文】

凡西山之首，自钱来之山至于騩山，凡十九山，二千九百五十七里。华山，冢也，其祠之礼：太牢。羭山，神也，祠之用烛，斋百日以百牺，瘗用百瑜，汤其酒百樽，婴以百珪百璧。其余十七山之属，皆毛牷用一羊祠之。烛者，百草之未灰，白席采等纯之。

【译文】

纵观西方第一列山系的首尾，从钱来山起到騩山止，总共有十九座山，途经二千九百五十七里。华山神是诸山神的宗主，祭祀华山山神的典礼是这样的：用猪、牛、羊齐全的三牲作祭品。羭山神是神威的，所以祭祀羭山山神要用烛火，斋戒一百天后用一百只毛色纯正的牲畜，随一百块瑜埋入地下，再烫上一百樽美酒，祀神的玉器用一百块玉珪和一百块玉璧。祭祀其余十七座山山神的典礼相同，都是用一只毛纯完整的羊作祭品。所谓的烛，就是用百草制作的火把，在未烧成灰时叫烛，而祀神的席是用各种颜色次第有序地将边缘装饰起来的白茅草席。

西次二经

铃山

【原文】

西次二山之首，曰铃山，其上多铜，其下多玉，其木多杻橿。

【译文】

西方第二列山系的第一座山，名为铃山，山上蕴藏着丰富的铜，山下蕴藏着丰富的玉石，山中的树大多是杻树和橿树。

泰冒山

【原文】

西二百里，曰泰冒之山，其阳多金，其阴多铁。洛水出焉，东流注于河，其中多藻玉。多白蛇。

【译文】

向西二百里，有山名为泰冒山，山南面蕴藏着丰富的黄金，山北面蕴藏着丰富的铁。洛水从这座山发源，向东流入黄河，水中蕴藏着丰富的藻玉，还有很多白色的水蛇。

数历山

【原文】

又西一百七十里，曰数历之山，其上多黄金，其下多银，其木多杻橿，其鸟多鹦鹉。楚水出焉，而南流注于渭，其中多白珠。

【译文】

再往西一百七十里，有山名为数历山，山上蕴藏着丰富的黄金，山下蕴藏着丰富的银矿，山中的树木大多是杻树和橿树，而鸟类大多是鹦鹉。楚水从这座山发源，然后向南流入渭水，水中有很多白色的珍珠。

高山

【原文】

又西百五十里，曰高山，其上多银，其下多青碧、雄黄，其木多棕，其草多竹。泾水出焉，而东流注于渭，其中多磬石、青碧。

【译文】

再往西一百五十里，有山名为高山，山上蕴藏着丰富的白银，山下蕴藏着丰富的青碧、雄黄，山中的树木大多是棕树，而草大多是小竹丛。泾水从这座山发源，然后向东流入渭水，水中蕴藏着丰富的磬石、青碧。

女床山

【原文】

西南三百里，曰女床之山，其阳多赤铜，其阴多石涅，其兽多虎、豹、犀、兕。有鸟焉，其状如翟而五采文，名曰鸾鸟，见则天下安宁。

【译文】

往西南三百里，有山名为女床山，山南面蕴藏着丰富的赤铜，山北面蕴藏着丰富的石涅，山中的野兽以老虎、豹子、犀牛和兕居多。山里还有一种鸟，外形像野鸡，却长着色彩斑斓的羽毛，名为鸾鸟，一出现则预示着天下太平、安宁。

龙首山

【原文】

又西二百里，曰龙首之山，其阳多黄金，其阴多铁。苕水出焉，东南流注于泾水，其中多美玉。

【译文】

再往西二百里，有山名为龙首山，山南面蕴藏着丰富的黄金，山北面蕴藏着丰富的铁。苕水从这座山发源，向东南流入泾水，水中蕴藏着丰富的美玉。

鹿台山

【原文】

又西二百里，曰鹿台之山，其上多白玉，其下多银，其兽多㸲牛、羬羊、白豪[①]。有鸟焉，其状如雄鸡而人面，名曰凫徯，其鸣自叫也，见则有兵。

【注释】

①白豪：白色的豪猪。

【译文】

再往西二百里，有山名为鹿台山，山上蕴藏着丰富的白玉，山下蕴藏着丰富的银，山中的野兽以牸牛、羬羊、白豪居多。山中有一种鸟，外形像普通的雄鸡却长着人一样的面孔，名为凫徯，它的叫声就是自身名称的读音，一出现则天下就会有战争发生。

鸟危山

【原文】

西南二百里，曰鸟危之山，其阳多磬石，其阴多檀楮，其中多女床。鸟危之水出焉，西流注于赤水，其中多丹粟。

【译文】

往西南二百里，有山名为鸟危山，山南面蕴藏着丰富的磬石，山北面有很多檀树和构树，山中有很多女床草。鸟危水从这座山发源，向西流入赤水，水中有许多粟粒大小的丹砂。

小次山

【原文】

又西四百里，曰小次之山，其上多白玉，其下多赤铜。有兽焉，其状如猿，而白首赤足，名曰朱厌，见则大兵。

【译文】

再往西四百里，有山名为小次山，山上蕴藏着丰富的白玉，山下蕴藏着丰富的赤铜。山中有一种野兽，外形像普通的猿猴，但头是白色的，脚是红色的，名为朱厌，一出现则天下就发生大战争。

朱厌

大次山

【原文】

又西三百里，曰大次之山，其阳多垩，其阴多碧，其兽多㸲牛、麢羊。

【译文】

再往西三百里，有山名为大次山，山南面蕴藏着丰富的垩土，山北面蕴藏着丰富的碧玉，山中的野兽以㸲牛、羚羊居多。

薰吴山

【原文】

又西四百里，曰薰吴之山，无草木，多金玉。

【译文】

再往西四百里，有山名为薰吴山，山上没有花草树木，但蕴藏着丰富的金属和玉石。

厎阳山

【原文】

又西四百里，曰厎阳之山①，其木多樱楠豫章，其兽多犀、兕、虎、犳、㸲牛。

【注释】

①厎（zhǐ）阳之山：山名。

【译文】

再往西四百里，有山名为厎阳山，山里的树木以稷树、楠树、樟树居多，山里的野兽以犀牛、兕、虎、犳、牸牛居多。

众兽山

【原文】

又西二百五十里，曰众兽之山，其上多㻬琈之玉，其下多檀楮，多黄金，其兽多犀、兕。

【译文】

再往西二百五十里，有山名为众兽山，山上蕴藏着丰富的㻬琈玉，山下有很多檀树、构树，这里蕴藏着丰富的黄金，山里的野兽多为犀牛、兕。

皇人山

【原文】

又西五百里，曰皇人之山，其上多金玉，其下多青、雄黄。皇水出焉，西流注于赤水，其中多丹粟。

【译文】

再往西五百里，有山名为皇人山，山上蕴藏着丰富的金属和玉石，山下蕴藏着丰富的石青、雄黄。皇水从这座山发源，向西流入赤水，水中有很多粟粒大小的丹砂。

中皇山

【原文】

又西三百里，曰中皇之山，其上多黄金，其下多蕙棠。

【译文】

再往西三百里，有山名为中皇山，山上蕴藏着丰富的黄金，山下有很多蕙草、棠梨树。

西皇山

【原文】

又西三百五十里，曰西皇之山，其阳多金，其阴多铁，其兽多麋、鹿、牦牛。

【译文】

再往西三百五十里，有山名为西皇山，山南面蕴藏着丰富的黄金，山北面蕴藏着丰富的铁，山中的野兽大多是麋、鹿、牦牛。

莱山

【原文】

又西三百五十里，曰莱山，其木多檀楮，其鸟多罗罗，是食人。

【译文】

再往西三百五十里，有山名为莱山，山中的树木大多是檀树和构树，鸟类大多是罗罗鸟，这种鸟会吃人。

西次二经 总结

【原文】

凡西次二山之首，自钤山至于莱山，凡十七山，四千一百四十里。其十神者，皆人面而马身。其七神，皆人面牛身，四足而一臂，操杖以行，是为飞兽之神。其祠之，毛用少牢①，白菅②为席，其十辈神者，其祠之，毛一雄鸡，钤而不糈③。

【注释】

①少牢：古代祭祀时只用猪和羊叫少牢。

②白菅（jiān）：白色茅草。

③钤（qián）而不糈（xǔ）：祈祷的时候不用精米。

【译文】

纵观西方第二列山系的首尾，从钤山起到莱山止，一共十七座山，途经四千一百四十里。其中十座山的山神，都是人的面孔、马的身体。另外七座山的山神都是人的面孔、牛的身体，有四只脚和一只手，拄着拐杖行走，这就是所谓的飞兽之神。这七位山神的祭祀方式是：在有毛的生物中用猪、羊作祭品，将其放在白茅做成的草席上，另外那十位山神，祭祀的典礼是在有毛的生物中用一只公鸡作祭品，祭祀时不用精米作祭品。

西次三经

崇吾山

【原文】

西次三山之首，曰崇吾之山，在河之南，北望冢遂，南望䍃之泽[①]，西望帝之搏兽之山，东望蠕渊[②]。有木焉，员叶而白柎[③]，赤华而黑理，其实如枳，食之宜子孙。有兽焉，其状如禺而文臂，豹尾而善投，名曰举父。有鸟焉，其状如凫[④]，而一翼一目，相得乃飞，名曰蛮蛮，见则天下大水。

【注释】

①䍃（yáo）之泽：湖泊名。

②蠕（yān）渊：地名。

③白柎（fū）：白色的花萼。

④凫（fú）：水鸟，俗称野鸭。

【译文】

西方第三列山系的第一座山，叫作崇吾山，它雄踞于黄河的南岸，在山上向北望可以看见冢遂山，向南可以望见䍃泽，向西可以望见天帝的搏兽山，向东可以望见蠕渊。山中有一种树木，长着圆形的叶子与白色的花萼，红色的花朵上有黑色的纹理，结的果实与枳相似，吃了可以让人多子多孙。山中还有一种野兽，外形像猿猴而臂上却有斑纹，有豹子一样的尾巴，擅长投掷，名为举父。山中还有一种鸟，外形像普通的野鸭子，却只长了一只翅膀和一只眼睛，要两只鸟合起来才能飞翔，名为蛮蛮，这种鸟一旦出现，天下就会发生水灾。

长沙山

【原文】

西北三百里，曰长沙之山，泚水[①]出焉，北流注于泑水[②]，无草木，多青、雄黄。

【注释】

①泚（cǐ）水：古水名。

②泑（yōu）水：古水名，在现湖南省长沙市。

【译文】

往西北三百里，有山名为长沙山，泚水从这里发源，向北流入泑水，山上没有花草树木，蕴藏着丰富的石青、雄黄。

不周山

【原文】

又西北三百七十里，曰不周之山，北望诸毗之山，临彼岳崇之山，东望泑泽，河水所潜也，其原[①]浑浑泡泡[②]。爰[③]有嘉果，其实如桃，其叶如枣，黄华而赤柎，食之不劳。

【注释】

①原：通“源”，水源。

②浑浑泡泡：大水涌流的声音和样子。

③爰（yuán）：这里的意思。

【译文】

再往西北三百七十里，有山名为不周山，在山上向北可以望见诸毗山，不周山居于岳崇山之上，向东可以望见泑泽，那是黄河的源头，那源头之水喷涌而发出巨大的响声，奔流汹涌。这里有一种特别珍贵的果树，结出的果实与桃子相似，叶子却很像枣树叶，开着黄色的花朵而花萼却是红色的，吃了它就能使人忘记烦恼忧愁。

峚山

【原文】

又西北四百二十里，曰峚山①，其上多丹木，员叶而赤茎，黄华而赤实，其味如饴，食之不饥。丹水出焉，西流注于稷泽，其中多白玉。是有玉膏，其原沸沸汤汤②，黄帝是食是飨③。是生玄玉。玉膏所出，以灌丹木，丹木五岁，五色乃清，五味乃馨。黄帝乃取峚山之玉荣，而投之锺山之阳。瑾瑜④之玉为良，坚栗精密，浊泽而有光。五色发作，以和柔刚。天地鬼神，是食是飨；君子服之，以御不祥。自峚山至于锺山，四百六十里，其间尽泽也。是多奇鸟、怪兽、奇鱼，皆异物焉。

【注释】

①峚（mì）山：山名，在现陕西省商州市境，亦作“密山”。

②沸沸汤汤（fèi fèi shāng shāng）：形容水奔腾汹涌的样子。

③飨（xiǎng）：通“享”，这里是享用的意思。

④瑾瑜：瑾和瑜都是美玉的名字。

【译文】

再往西北四百二十里，有山名为峚山，山上有许多丹木，红色的茎杆上长着圆形的叶子，开黄色的花朵，结红色的果实，果实的味道是甜的，人吃了它就不会再感觉到饥饿。丹水从这座山发源，向西流入稷泽，水中蕴藏着丰富的白色玉石。这里有玉膏，玉膏之源涌出时一片奔流涌现的景象，黄帝常常享用这种玉膏。玉膏能生成一种黑色的玉石。用这涌出的玉膏去浇灌丹木，丹木再经过五年的生长，便会开出鲜艳美丽的五色花朵，结出味道香甜的五色果实。黄帝采撷峚山中玉石的精华，投种在锺山的南面。后来便生出瑾和瑜两种美玉，坚硬而精密，润厚有光泽。五种颜色一同散发出来的光泽相互辉映，刚柔并济、和谐美丽。天地鬼神都来服食享用；君子佩带它，能抵御不祥邪气的侵袭。从峚山到锺山，途经四百六十里，其间全部是水泽。在这里有许多珍奇的飞禽走兽和鱼类，都是些罕见的物种。

锺山

【原文】

又西北四百二十里，曰锺山，其子①曰鼓，其状人面而龙身，是与钦䲹②杀葆江于昆仑之阳，帝乃戮之锺山之东曰䲹崖③。钦䲹化为大鹗④，其状如雕，而黑文白首，赤喙而虎爪，其音如晨鹄⑤，见则有大兵；鼓亦化为鵕鸟⑥，其状如鸱⑦，赤足而直喙，黄文而白首，其音如鹄⑧，见则其邑大旱。

【注释】

①其子：这里指的是山神之子。

②钦䲹（pí）：古代神话中一个神的名字。

③嶓（yáo）崖：地名。

④鹗（è）：一种鸟类，俗称鱼鹰。

⑤晨鹄（hú）：水鸟名。

⑥鵔（jùn）鸟：传说中的鸟名。

⑦鸱（chī）：鹞鹰。

⑧鹄：也叫鸿鹄，是天鹅。

【译文】

再往西北四百二十里，有山名为锺山，锺山山神之子名为鼓，鼓的形貌是人的脸孔加龙的身体，他曾和钦䲹神联手在昆仑山南面杀死天神葆江，于是天帝将鼓与钦䲹诛杀在锺山东面一个叫嶓崖的地方。钦䲹后来化为一只大鹗，外形像普通的雕，却长有黑色的斑纹和白色的脑袋，红色的嘴巴和老虎一样的爪子，发出的声音如同晨鹄鸣叫，它一出现，天下就有大战发生；鼓也化为鵔鸟，样子像普通的鹞鹰，但长着红色的脚和直直的嘴，身上有黄色的斑纹而头却是白色的，发出的声音与鸿鹄的鸣叫很相似，它在哪里出现哪里就会发生旱灾。

泰器山

【原文】

又西百八十里，曰泰器之山，观水出焉，西流注于流沙。是多文鳐鱼[①]，状如鲤鱼，鱼身而鸟翼，苍文而白首赤喙，常行西海，游于东海，以夜飞。其音如鸾鸡[②]，其味酸甘，食之已狂，见则天下大穰。

【注释】

①文鳐鱼：传说中的一种鱼。

②鸾鸡：传说中的一种鸟。

【译文】

再往西一百八十里，有山名为泰器山，观水从这里发源，向西注入流沙。观水中有很多文鳐鱼，外形像普通的鲤鱼，长着鱼一样的身体和鸟一样的翅膀，浑身是苍色的斑纹却有着白脑袋和红嘴巴，常常在西海、东海畅游，在夜间飞行。它发出的声音如同鸾鸡的啼叫，肉味是酸中带甜，人吃了它的肉可以治愈癫狂，它一出现就预兆着天下会五谷丰登。

槐江山

【原文】

又西三百二十里，曰槐江之山，丘时之水出焉，而北流注于泑水。其中多蠃母①，其上多青、雄黄，多藏琅玕②、黄金、玉，其阳多丹粟，其阴多采黄金银。实惟帝之平圃③，神英招④司之，其状马身而人面，虎文而鸟翼，徇⑤于四海，其音如榴⑥。南望昆仑，其光熊熊，其气魂魂。西望大泽，后稷⑦所潜也。其中多玉，其阴多榣木之有若⑧。北望诸毗，槐鬼离仑居之，鹰鹯⑨之所宅也。东望恒山四成，有穷鬼⑩居之，各在一抟。爰有瑶水，其清洛洛。有天神焉，其状如牛，而八足二首马尾，其音如勃皇，见则其邑有兵。

【注释】

①蠃（luó）母："蠃"同"螺"，即螺蛳一类。

②琅玕（láng gān）：中国神话传说中的仙树，其实似珠。这里指如同玉石一样美丽的石头。

③平圃（pǔ）：传说为天神居住的地方。

④英招：上古传说中的一位神灵。

⑤徇（xùn）：巡视。

⑥榴：辘轳抽水的声音。

⑦后稷：相传是周人的祖先，在尧舜之时是执掌农牧的官员，擅长种庄稼。

⑧榣（yáo）木：一种特别高大的树木。若也是传说中的树木。

⑨鹰鹯（zhān）：一种类似鹞鹰的鸟。

⑩有穷鬼：一个氏族的名称。

【译文】

再往西三百二十里，有座山名为槐江山，丘时水从这座山发源，然后向北流入泑水。水中有很多蠃母，山上蕴藏着丰富的石青、雄黄，还有很多的琅玕、黄金、玉石，山南面到处是粟粒大小的丹砂，而山北面蕴藏着丰富的多纹彩的黄金、白银。槐江山可以说是天帝的园圃，由天神英招主管，天神英招的外形是马的身体、人的面孔，身上长有老虎的斑纹和鸟的翅膀，他巡视四海，传递天帝的旨意，发出的声音如同辘轳抽水的声音。在山上向南可以望见昆仑山，那里火光熊熊，震人心魂。从槐江山向西可以望见大泽，那里是后稷死后的埋葬地。大泽里蕴藏着丰富的玉石，大泽的南面有许多榣木，而在它上面又有若木。从槐江山向北可以望见诸毗山，一位叫槐鬼离仑的神仙居住在那里，那也是鹰鹯等飞禽的栖息地。从槐江山向东可以望见那四重高的恒山，有穷鬼一族便居住在那里，他们各自分开居住。槐江山有瑶水下泻，清澈寒冷。有个天神住在山中，他的样子像普通的牛，却长着八只脚、两个脑袋和一条马的尾巴，叫声如同人在吹奏乐器时，乐器的薄膜发出的声音，这个天神在哪里出现哪里就有兵灾。

昆仑山

【原文】

西南四百里，曰昆仑之丘，实惟帝之下都[①]，神陆吾[②]司之。

其神状虎身而九尾，人面而虎爪，是神也，司天之九部及帝之囿[3]时。有兽焉，其状如羊而四角，名曰土蝼，是食人。有鸟焉，其状如蜂，大如鸳鸯，名曰钦原，蠚[4]鸟兽则死，蠚木则枯。有鸟焉，其名曰鹑鸟[5]，是司帝之百服。有木焉，其状如棠，黄华赤实，其味如李而无核，名曰沙棠，可以御水，食之使人不溺。有草焉，名曰蘋草[6]，其状如葵，其味如葱，食之已劳。河水出焉，而南流东注于无达。赤水出焉，而东南流注于氾天之水。洋水出焉，而西南流注于丑涂之水。墨水出焉，而西流于大杅。是多怪鸟兽。

【注释】

①下都：下界的都城。

②陆吾：神的名称。陆吾即肩吾，中国古代神话传说中的昆仑山神名，人面虎身虎爪而九尾。

③囿（yòu）：古代帝王畜养禽兽的园林。

④蠚（hē）：指蜂、蝎子等用毒刺刺（人或动物）。

⑤鹑（chún）鸟：传说中的鸟，凤凰的一种。生活在昆仑山上，主管天帝日常中的各种器物和服饰。

⑥蘋（pín）草：草名。

【译文】

往西南四百里，有山名为昆仑山，这里是天帝在下界的都城，由天神陆吾掌管。这位天神的外形是老虎的身体、九条尾巴、人的面孔、老虎的爪子，这位神主管天上的九部和天帝苑圃的时节。山中有一种野兽，外形像普通的羊却长着四只角，名为土蝼，会吃人。山中有一种鸟，外形像普通的蜜蜂，大小与鸳鸯差不多，名为钦原，这种钦原鸟蜇鸟兽，鸟兽就会死亡，蜇树木，树木就会枯萎。山中还有另一种鸟，名为鹑鸟，它主管天帝日常生活中的各种器物和服饰。山中还有一种树木，外形像普通的棠梨树，却开着黄色的花朵并结出红色的果实，果实的味道像李子却没有核，名为沙棠，可以用来辟水，人吃了它就能在水中漂浮不沉。山中还有一种草，名为蓑草，外形很像葵菜，但味道与葱相似，吃了它就能使人消除烦恼忧愁。黄河从这座山发源，然后向南流而东转流入无达山下的湖泊里。赤水也发源于这座山，然后向东南流入氾天水。洋水也发源于这座山，然后向西南流入丑涂水。墨水也发源于这座山，然后向西流到大杅山下的湖泊里。这座山中也有许多奇异的鸟兽。

乐游山

【原文】

又西三百七十里，曰乐游之山，桃水出焉，西流注于稷泽，是多白玉。其中多䱻鱼[1]，其状如蛇而四足，是食鱼。

【注释】

①䱻（huá）鱼：一种鱼的名称。

【译文】

再往西三百七十里，有山名为乐游山，桃水从这座山发源，向西流入稷泽，这里蕴藏着丰富的白色玉石。水中还有很多䱻鱼，外形像普通的蛇却长着四只脚，以鱼类为食。

嬴母山

【原文】

西水行四百里，流沙二百里，至于嬴母之山，神长乘司之，是天之九德也。其神状如人而犳[1]尾。其上多玉，其下多青石而无水。

【注释】

①犳（zhuó）：上古传说中的一种动物，像豹子，没有花纹。

【译文】

往西行四百里水路，再行二百里流沙便到嬴母山，天神长乘掌管这里，他是天的九德之气所育。这个天神的形貌像人却长着犳的尾巴。山上蕴藏着丰富的玉石，山下到处是青石却没有水。

玉山

【原文】

又西三百五十里，曰玉山，是西王母所居也。西王母其状如人，豹尾虎齿而善啸，蓬发戴胜[1]，是司天之厉[2]及五残。有兽焉，其状如犬而豹文，其角如牛，其名曰狡，其音如吠犬，见则其国大穰[3]。有鸟焉，其状如翟[4]而赤，名曰胜遇，是食鱼，其音如录[5]，见则其国大水。

【注释】

①胜：这里指玉胜，古代妇女戴的一种玉器饰物。

②天之厉：自然的灾害。后文的五残是五刑残杀。

③穰（ráng）：五谷丰登。

④翟（dí）：古书上的长尾野鸡。

⑤录：通“鹿”。

【译文】

再往西三百五十里，有山名为玉山，是西王母居住的地方。西王母的形貌与人相似，但是长着豹子一样的尾巴和老虎一样的牙齿，而且喜好啸叫，蓬松的头发上戴着玉胜，主管自然灾害和五刑残杀。山中有一种野兽，外形像普通的狗却长着豹子的斑纹，头上的角与牛角相似，名为狡，发出的声音如同狗叫，在哪个国家出现哪个国家就会五谷丰登。山中还有一种鸟，外形像野鸡却通身红色，名为胜遇，以鱼类为食，发出的声音如同鹿鸣，在哪个国家出现哪个国家就会发生水灾。

轩辕丘

【原文】

又西四百八十里，曰轩辕之丘，无草木。洵水出焉，南流注于黑水，其中多丹粟，多青、雄黄。

【译文】

往西四百八十里，有山名为轩辕丘，山上没有花草树木。洵水从轩辕丘发源，向南流入黑水，水中有很多粟粒大小的丹砂，还蕴藏着丰富的石青、雄黄。

积石山

【原文】

又西三百里，曰积石之山，其下有石门，河水冒以西南流。是山也，万物无不有焉。

【译文】

再往西三百里，有山名为积石山，山下有一道石门，黄河水漫过石门向西南流去。在积石山上，世间万物应有尽有。

长留山

【原文】

又西二百里，曰长留之山，其神白帝少昊[①]居之。其兽皆文尾，其鸟皆文首。是多文玉石。实惟员神磈氏[②]之宫。是神也，主司反景[③]。

【注释】

①白帝少昊：上古传说中的五帝之一。生于穷桑（今山东曲阜北）。中国嬴姓及其秦、徐、黄、江、李等数百个姓氏的始祖。

②员神磈（wěi）氏：传说中云神的名字。员神即云神，他是少昊之子，名该。

③反景（yǐng）：能把向西方的影子反拨向东方。“景”通“影”。

【译文】

再往西二百里，有山名为长留山，天神白帝少昊居住在这里。山中的野兽尾巴都有花纹，而飞鸟的脑袋上都有花纹。山上蕴藏着丰富的彩色花纹的玉石。这里也是员神磈氏的行宫。此天神主要负责太阳西沉时把影子反拨向东方。

章莪山

【原文】

又西二百八十里，曰章莪[①]之山，无草木，多瑶碧。所为甚怪。有兽焉，其状如赤豹，五尾一角，其音如击石，其名曰狰[②]。有鸟

狰

焉，其状如鹤，一足，赤文青质而白喙，名曰毕方，其鸣自叫也，见则其邑有讹火③。

【注释】

①章莪（é）：山名。

②狰（zhēng）：狰是中国古代传说中的奇兽。

③讹（é）火：指来历不明的怪火。

【译文】

再往西二百八十里，有山名为章莪山，山上没有花草树木，却蕴藏着丰富的瑶、碧之类的美玉。山里经常出现一些奇异古怪的现象。山中有一种野兽，外形像赤豹，却长着五条尾巴和一只角，发出的声音如同敲击石头的响声，名为狰。山中还有一种鸟，外形像普通的鹤，但只有一只脚，长着红色的斑纹和青色的身体，有一张白色的嘴巴，名为毕方，它鸣叫的声音就是自身名称的读音，毕方在哪里出现哪里就会有原因不明的火灾。

阴山

【原文】

又西三百里，曰阴山，浊浴之水出焉，而南流注于蕃泽，其中多文贝。有兽焉，其状如狸而白首，名曰天狗，其音如猫猫，可以御凶。

【译文】

再往西三百里，有山名为阴山，浊浴水从这座山发源，然后向南流入蕃泽，水中有很多五彩斑斓的贝壳。山中有一种野兽，外形像野猫却

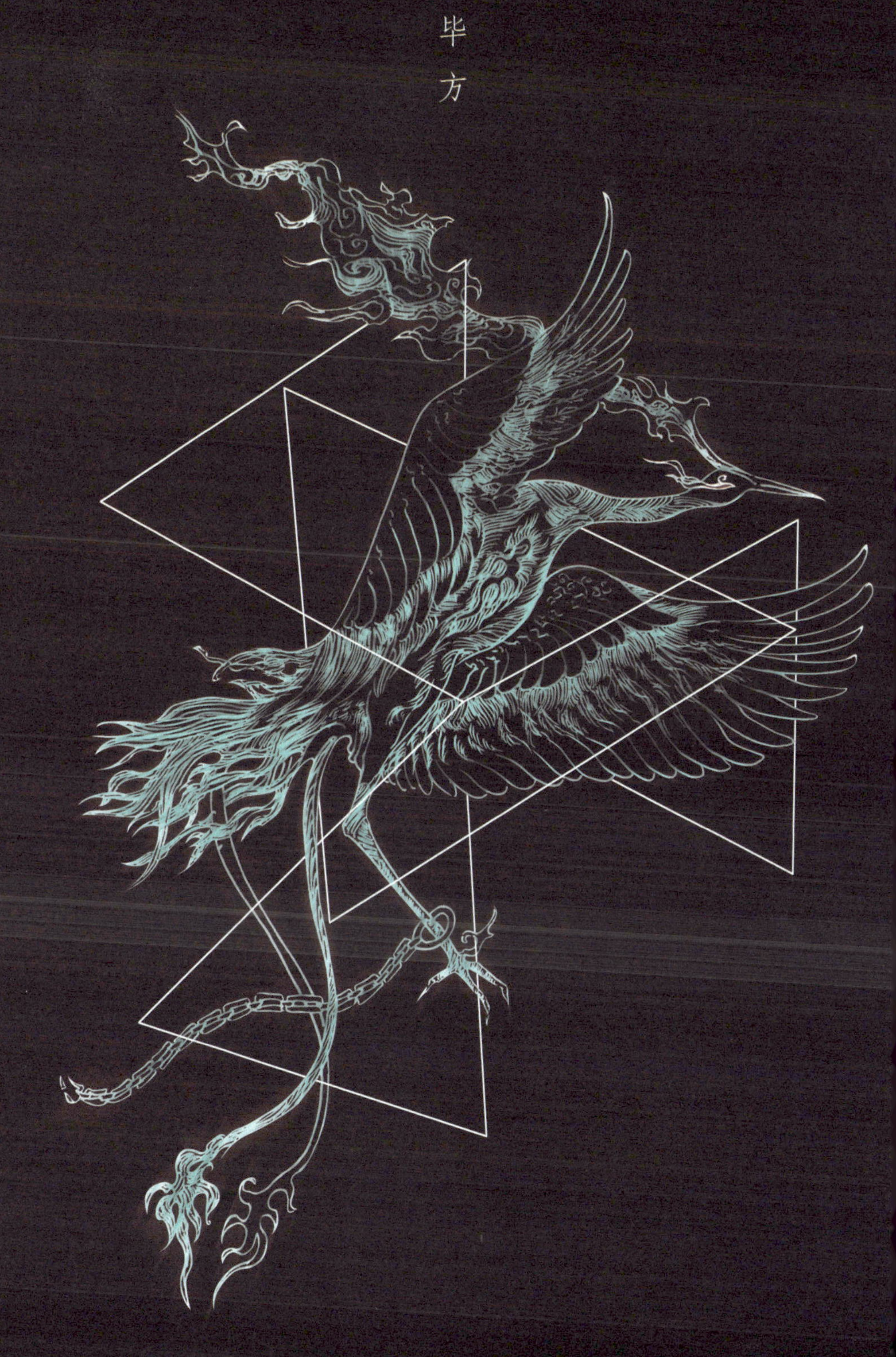
毕方

长着白色的脑袋，名为天狗，它会发出“猫猫”的叫声，饲养这种动物可以抵御凶煞之气。

符惕山

【原文】

又西二百里，曰符惕之山，其上多棕楠，下多金玉，神江疑居之。是山也，多怪雨，风云之所出也。

【译文】

再往西二百里，有山名为符惕山，山上有很多棕树和楠树，山下蕴藏着丰富的金属和玉石。一个叫江疑的神居住于此。符惕山上常常落下怪异的雨，风和云也常在此兴起。

三危山

【原文】

又西二百二十里，曰三危之山，三青鸟居之。是山也，广员百里。其上有兽焉，其状如牛，白身四角，其豪如披蓑，其名曰獓狪[①]，是食人。有鸟焉，一首而三身，其状如䴅[②]，其名曰鸱[③]。

【注释】

①獓狪（ào yē）：兽名。

②䴅（luò）：一种与雕鹰相似的鸟，黑色斑纹，红色脖颈。

③鸱（chī）：这里是特指这种怪鸟，并非鹞鹰。

【译文】

再往西二百二十里，有山名为三危山，三青鸟栖息在这里。这座三危山，方圆达百里。山上有一种野兽，外形像普通的牛，却长着白色的身体和四只角，身上的毛又长又密好像披着蓑衣，名为獓㹶，会吃人。山中还有一种鸟，长着一个脑袋却有三个身体，外形与鸫很相似，名为鸱。

騩山

【原文】

又西一百九十里，曰騩山，其上多玉而无石。神耆童居之，其音常如钟磬。其下多积蛇。

【译文】

再往西一百九十里，有山名为騩山，山上蕴藏着丰富的美玉却没有石头。天神耆童便居住在这里，他发出的声音常常像敲击钟磬的响声。这座山山下到处是蛇。

天山

【原文】

又西三百五十里，曰天山，多金玉，有青、雄黄。英水出焉，而西南流注于汤谷。有神焉，其状如黄囊，赤如丹火，六足四翼，浑敦无面目，是识歌舞，实惟帝江[①]也。

帝江

【注释】

①帝江：中国远古神话中的神鸟。据说帝江本是帝鸿，即三皇五帝中的黄帝，是古华夏部落的联盟首领，中国上古时代华夏民族的共主。

【译文】

再往西三百五十里，有山名为天山，山上蕴藏着丰富的金属和玉石，也出产石青、雄黄。英水从这座山发源，然后向西南流入汤谷。山里住着一个神，形貌像黄色的口袋，发出红如火的精光，长着六只脚和四只翅膀，混混沌沌没有面目，但是他知道如何唱歌跳舞，其实他就是帝江。

泑山

【原文】

又西二百九十里，曰泑山，神蓐收居之。其上多婴脰之玉[①]，其阳多瑾瑜之玉，其阴多青、雄黄。是山也，西望日之所入，其气员，神红光之所司也。

【注释】

①婴脰之玉：即前文提到的婴垣（yuán）之玉，婴垣就是脖子的意思，这种玉石可以制作成装饰品挂在脖子上。

【译文】

再往西二百九十里，有山名为泑山，天神蓐收便居住在这里。山上蕴藏着丰富的玉石，这种玉石可制成戴在脖子上的装饰品，山南面蕴藏着丰富的瑾、瑜一类的美玉，而山北面蕴藏着丰富的石青、雄黄。站在这座山上，向西可以望见太阳落山时的情景，气象雄浑，由天神红光所掌管。

翼望山

【原文】

西水行百里，至于翼望之山，无草木，多金玉。有兽焉，其状如狸，一目而三尾，名曰讙①，其音如夺百声，是可以御凶，服之已瘅②。有鸟焉，其状如乌，三首六尾而善笑，名曰䳜䳜③，服之使人不厌，又可以御凶。

【注释】

①讙（huān）：兽名。

②瘅（dàn）：通“疸”，黄疸，中医认为由湿热引起。

③䳜䳜（qí tú）：传说中的一种鸟。

【译文】

再往西行一百里水路，便到了翼望山，山上没有花草树木，蕴藏着丰富的金属和玉石。山中有一种野兽，外形像普通的野猫，只长着一只眼睛却有三条尾巴，名为讙，发出的声音好像能压过一百种动物的鸣叫，饲养它可以辟凶邪之气，人吃了它的肉就能治好黄疸。山中还有一种鸟，外形像普通的乌鸦，却长着三个脑袋、六条尾巴，并且喜欢嬉笑，名为䳜䳜，吃了它的肉就能使人不做噩梦，还可以抵御凶邪之气。

西次三经 总结

【原文】

凡西次三山之首，自崇吾之山至于翼望之山，凡二十三山，六千七百四十四里。其神状皆羊身人面。其祠之礼：用一吉玉瘗，糈用稷米。

【译文】

纵观西方第三列山系的首尾，从崇吾山起到翼望山止，一共二十三座山，途经六千七百四十四里。诸山山神的形貌都是羊的身体、人的面孔。祭祀山神的典礼如下：把一块吉玉埋入地下，祭祀神的精米为稷米。

西次四经

阴山

【原文】

西次四山之首，曰阴山，上多榖，无石，其草多茆、蕃。阴水出焉，西流注于洛。

【译文】

西方第四列山系的第一座山，叫作阴山，山上有很多构树，但没有石头，这里的草以莼菜、蕃草居多。阴水从这座山发源，向西流入洛水。

劳山

【原文】

北五十里，曰劳山，多茈草。弱水出焉，而西流注于洛。

【译文】

往北五十里，有山名为劳山，山上有很多紫草。弱水从这座山发源，然后向西流入洛水。

罢谷山

【原文】

西五十里，曰罢谷之山，洱水出焉，而西流注于洛，其中多茈、碧。

【译文】

往西五十里，有山名为罢谷山，洱水从这里发源，然后向西流入洛水，水中蕴藏着丰富的紫色美石、碧色玉石。

申山

【原文】

北百七十里，曰申山，其上多穀柞，其下多杻橿，其阳多金玉。区水出焉，而东流注于河。

【译文】

往北一百七十里，有山名为申山，山上有很多构树和柞树，山下有很多杻树和僵树，山南面蕴藏着丰富的金属和玉石。区水从这座山发源，然后向东流入黄河。

鸟山

【原文】

北二百里，曰鸟山，其上多桑，其下多楮，其阴多铁，其阳多玉。辱水出焉，而东流注于河。

【译文】

往北二百里，有山名为鸟山，山上有很多桑树，山下有很多构树，山北面蕴藏着丰富的铁，而山南面蕴藏着丰富的玉石。辱水从这座山发源，然后向东流入黄河。

上申山

【原文】

又北百二十里，曰上申之山，上无草木，而多硌石，下多榛楛，兽多白鹿。其鸟多当扈，其状如雉，以其髯飞，食之不眴目。汤水出焉，东流注于河。

【译文】

再往北一百二十里，有山名为上申山，山上没有花草树木，但到处是大石头，山下有很多榛树和楛树，野兽以白鹿居多。山里的鸟类多是当扈鸟，外形像普通的野鸡，却用髯毛当翅膀来飞行，吃了它的肉会使人不眨眼睛。汤水从这座山发源，向东流入黄河。

诸次山

【原文】

又北百八十里，曰诸次之山，诸次之水出焉，而东流注于河。是山也，多木无草，鸟兽莫居，是多众蛇。

【译文】

再往北一百八十里，有山名为诸次山，诸次水从这座山发源，然后向东流入黄河。这座诸次山，有很多树木却没有花草，也没有飞禽走兽栖居，但有许多蛇聚集在山中。

号山

【原文】

又北百八十里，曰号山，其木多漆、棕，其草多药、虈、芎藭。多汵石。端水出焉，而东流注于河。

【译文】

再往北一百八十里，有山名为号山，山上的树木以漆树、棕树居多，而草以白芷草、虈草、芎草居多。山中还蕴藏着丰富的汵石。端水从这座山发源，然后向东流入黄河。

盂山

【原文】

又北二百二十里，曰盂山，其阴多铁，其阳多铜，其兽多白狼白虎，其鸟多白雉白翠。生水出焉，而东流注于河。

【译文】

再往北二百二十里，有山名为盂山，山北面蕴藏着丰富的铁，山南面蕴藏着丰富的铜，山中的野兽以白色的狼和白色的虎居多，鸟类也大多是白色的野鸡和白色的翠鸟。生水从这座山发源，然后向东流入黄河。

白於山

【原文】

西二百五十里，曰白於之山，上多松柏，下多栎檀，其兽多㸲牛、羬羊，其鸟多鸮。洛水出于其阳，而东流注于渭；夹水出于其阴，东流注于生水。

【译文】

往西二百五十里，有山名为白於山，山上有很多松树和柏树，山下有很多栎树和檀树，山中的野兽大多是㸲牛、羬羊，而鸟类以猫头鹰居多。洛水发源于这座山的南面，然后向东流入渭水；夹水发源于这座山的北面，向东流入生水。

申首山

【原文】

西北三百里，曰申首之山，无草木，冬夏有雪。申水出于其上，潜于其下，是多白玉。

【译文】

往西北三百里，有山名为申首山，山上没有花草树木，冬季、夏季都有积雪。申水从这座山上发源，潜流到山下，水中蕴藏着丰富的白色玉石。

泾谷山

【原文】

又西五十五里，曰泾谷之山，泾水出焉，东南流注于渭，是多白金白玉。

【译文】

再往西五十五里，有山名为泾谷山，泾水从这座山发源，向东南流入渭水，这里蕴藏着丰富的白银和白玉。

刚山

【原文】

又西百二十里，曰刚山，多柒木，多㻬琈之玉。刚水出焉，北流注于渭。是多神䰠①，其状人面兽身，一足一手，其音如钦。

【注释】

①神䰠（chì）：一种传说中的鬼怪。

【译文】

再往西一百二十里，有山名为刚山，山上有很多漆树，蕴藏着丰富的㻬琈玉。刚水从这座山发源，向北流入渭水。这里有很多神䰠，它们长着人的面孔、野兽的身体，只有一只脚一只手，发出的声音像人在呻吟。

刚山之尾

【原文】

又西二百里，至刚山之尾，洛水出焉，而北流注于河。其中多蛮蛮，其状鼠身而鳖首，其音如吠犬。

【译文】

再往西二百里，便到了刚山的尾端，洛水就发源于此，然后向北流入黄河。这里有很多蛮蛮兽，外形像普通的老鼠却长着甲鱼的脑袋，发出的声音如同狗叫。

英鞮山

【原文】

又西三百五十里，曰英鞮之山，上多漆木，下多金玉，鸟兽尽白。涴水出焉，而北流注于陵羊之泽。是多冉遗之鱼，鱼身蛇首六足，其目如马耳，食之使人不眯，可以御凶。

【译文】

再往西三百五十里，有山名为英鞮山，山上有很多漆树，山下蕴藏着丰富的金属和玉石，飞禽走兽都是白色的。涴水从这座山发源，然后向北流入陵羊泽。水里有很多冉遗鱼，它们长着鱼的身体、蛇的头和六只脚，眼睛长长的像马耳朵，吃了它的肉就能使人睡觉不做噩梦，也可以辟凶邪之气。

中曲山

【原文】

又西三百里，曰中曲之山，其阳多玉，其阴多雄黄、白玉及金。有兽焉，其状如马，而白身黑尾，一角，虎牙爪，音如鼓，其名曰駮，是食虎豹，可以御兵。有木焉，其状如棠，而员叶赤实，实大如木瓜，名曰櫰木，食之多力。

【译文】

再往西三百里，有山名为中曲山，山南面蕴藏着丰富的玉石，山北面蕴藏着丰富的雄黄、白玉和金属。山中有一种野兽，外形像普通的马却长着白身体和黑尾巴，有一只角，还有老虎一样的牙齿和爪子，发出的声音如同鼓声，名为駮，会捕食老虎和豹子，饲养它可以躲避兵器的伤害。山中还有一种树，外形像棠梨树，但叶子是圆的并结红色的果实，果实像木瓜大小，名为櫰木，人吃了它能增添力气。

邽山

【原文】

又西二百六十里，曰邽山①。其上有兽焉，其状如牛，猬毛，名曰穷奇，音如嗥狗②，是食人。濛水出焉，南流注于洋水，其中多黄贝，蠃鱼，鱼身而鸟翼，音如鸳鸯，见则其邑大水。

【注释】

①邽（guī）山：山名。

穷奇

②嗥（háo）狗：这里指狗吠。

【译文】

再往西二百六十里，有山名为邽山。山上有一种野兽，外形像牛，但全身长着刺猬毛，名为穷奇，发出的声音如同狗叫，会吃人。濛水从这座山发源，向南流入洋水，水中有很多黄贝，还有一种蠃鱼，它们长着鱼的身体却有鸟的翅膀，发出的声音像鸳鸯鸣叫，在哪里出现哪里就会发生水灾。

鸟鼠同穴山

【原文】

又西二百二十里，曰鸟鼠同穴之山，其上多白虎、白玉。渭水出焉，而东流注于河。其中多鳋鱼①，其状如鳣鱼②，动则其邑有大兵。滥水出于其西，西流注于汉水，多䰽魮③之鱼，其状如覆铫④，鸟首而鱼翼鱼尾，音如磬石之声，是生珠玉。

【注释】

①鳋（sāo）鱼：传说中的一种鱼。

②鳣（zhān）鱼：鲟鳇鱼的古称，鳣鱼，江苏叫黄鱼。

③䰽魮（rú pí）：一种能产珍珠的珠母贝。

④覆铫（yáo）：翻过来的铫。铫，一种带柄的小锅。

【译文】

再往西二百二十里，有山名为鸟鼠同穴山，山上有很多白色的虎、纯白的玉。渭水从这座山发源，然后向东流入黄河。水中有很多鳋鱼，外形像普通的鳣鱼，在哪里出没哪里就会有战争。滥水从鸟鼠同穴山的西面发源，向西流入汉水，水中有很多鲨鮆鱼，外形像反转过来的铫，但长着鸟的脑袋，有鱼一样的鳍和尾巴，叫声就像敲击磬石发出的响声，它们能吐出珠玉。

崦嵫山

【原文】

西南三百六十里，曰崦嵫之山①，其上多丹木，其叶如穀，其实大如瓜，赤符而黑理，食之已瘅，可以御火。其阳多龟，其阴多玉。苕水出焉，而西流注于海，其中多砥砺②。有兽焉，其状马身而鸟翼，人面蛇尾，是好举人，名曰孰湖。有鸟焉，其状如鸮而人面，蜼③身犬尾，其名自号也，见则其邑大旱。

【注释】

①崦嵫（yān zī）之山：古代的山名。

②砥砺（dǐ lì）：两种磨刀用的石头，细的磨刀石叫作砥，粗的磨刀石叫作砺，泛指各类磨石。

③蜼（wèi）：一种体形较大的长尾猴，黄黑色，尾长数尺。

【译文】

向西南三百六十里，有山名为崦嵫山，山上有很多丹树，叶子像构树叶，结出的果实像瓜一样大，红色的花萼却带着黑色的斑纹，人吃了它可以治愈黄疸，还可以辟火。山南面有很多乌龟，而山北面蕴藏着丰富的玉石。苕水从这座山发源，然后向西流入大海，水中有很多磨石。山中有一种野兽，外形是马的身体，却有着鸟的翅膀、人的面孔、蛇的尾巴，很喜欢把人抱着举起，名为孰湖。山中还有一种鸟，外形像普通的猫头鹰却长着人的面孔，长尾猴一样的身体却长着狗一样的尾巴，它发出的叫声就是自己名字的读音，在哪里出现哪里就会有严重的旱灾。

西次四经 总结

【原文】

凡西次四山，自阴山以下，至于崦嵫之山，凡十九山，三千六百八十里。其神祠礼，皆用一白鸡祈，糈以稻米，白菅为席。

右西经之山，凡七十七山，一万七千五百一十七里。

【译文】

纵观西方第四列山系，从阴山开始，到崦嵫山为止，一共十九座山，途经三千六百八十里。祭祀诸山山神的典礼都是用一只白色的鸡献祭，祀神的精米用稻米，用白茅草做席子。

以上就是对西方山系的记录，总共七十七座山，途经一万七千五百一十七里。

北山经

北山经

单狐山

【原文】

北山之首，曰单狐之山，多机木[①]，其上多华草。漨水[②]出焉，而西流注于泑水，其中多茈石、文石[③]。

【注释】

①机木：桤木。长得像榆树，是中国特有树种和福建重要的乡土树种之一。桤木叶片、嫩芽可药用，可治腹泻及止血。

②漨（féng）水：古水名。

③茈（zǐ）石、文石：紫色的石头、有纹理的石头。

【译文】

北方第一列山系的第一座山叫作单狐山，山上有很多桤木树，还有茂盛的华草。漨水从这座山起源，然后向西流入泑水，水中有很多紫石、文石。

求如山

【原文】

又北二百五十里，曰求如之山，其上多铜，其下多玉，无草木。滑水出焉，而西流注于诸毗之水。其中多滑鱼，其状如鱓，赤背，其音如梧[①]，食之已疣[②]。其中多水马，其状如马，而文臂牛尾，其音如呼。

【注释】

①梧：梧桐，此处指琴瑟之声。

②疣（yóu）：一种皮肤病，症状是皮肤上出现黄褐色的小疙瘩，不痛也不痒。

【译文】

再往北二百五十里，有山名为求如山，山上蕴藏着丰富的铜，山下蕴藏着丰富的玉石，没有花草树木。滑水从这座山起源，然后向西流入诸毗水。水中有很多滑鱼，外形像鳝鱼，却是红色的脊背，发出的声音像人弹奏琴瑟，吃了它的肉能治好人的疣病。水中还生活着很多水马，外形与普通的马相似，但前腿上长有花纹，并长着一条牛尾巴，发出的声音像人的呼喊声。

带山

【原文】

又北三百里，曰带山，其上多玉，其下多青碧。有兽焉，其状如马，一角有错①，其名曰䑏疏②，可以辟火。有鸟焉，其状如乌，五采而赤文，名曰鵸鵌③，是自为牝牡④，食之不疽⑤。彭水出焉，而西流注于芘湖之水，其中多儵鱼⑥，其状如鸡而赤毛，三尾、六足、四目，其音如鹊，食之可以已忧。

【注释】

①错：通“厝”，磨刀石。

②䑏（huān）疏：兽名。

③鵸鵌（qí tú）：鸟名。

④牝牡（pìn mǔ）：鸟兽的雌性和雄性。

⑤疽（jū）：局部皮肤下发生的疮肿。中医指局部皮肤肿胀坚硬而

皮色不变的毒疮。

⑥儵（tiáo）鱼：俗称白鲦鱼，是北方水域中最为常见的、数量最为庞大的鱼。不过本文中的鱼显然是传说中的怪鱼。

【译文】

再往北三百里，有山名为带山，山上蕴藏着丰富的玉石，山下蕴藏着丰富的青石、碧玉。山中有一种野兽，外形像马，长有一只如粗硬的磨石的角，名为臛疏，把它养在身边可以辟火。山中还有一种鸟，外形像乌鸦，但浑身长着带红色斑纹的五彩羽毛，名为䴅鵸，这种䴅鵸鸟是雌雄共体的，吃了它的肉能使人不患疽病。彭水从这座山起源，然后向西流入芘湖水，水中有很多儵鱼，外形像鸡，长着红色的羽毛，还长着三条尾巴、六只脚、四只眼睛，它的叫声像喜鹊的叫声，吃了它的肉能使人无忧无虑。

谯明山

【原文】

又北四百里，曰谯明之山，谯水出焉，西流注于河。其中多何罗之鱼，一首而十身，其音如吠犬，食之已痈[1]。有兽焉，其状如貆[2]而赤豪，其音如榴榴，名曰孟槐，可以御凶。是山也，无草木，多青、雄黄。

【注释】

①痈（yōng）：一种皮肤和皮下组织的化脓性炎症，易生于颈、背部，常伴有畏寒、发热等全身症状。

②貆（huán）：豪猪。

【译文】

再往北四百里，有山名为谯明山，谯明水从这座山起源，向西流入黄河。水中有很多何罗鱼，长着一个脑袋却有十个身体，发出的声音像狗叫，人吃了它的肉可以治愈痈肿。山中有一种野兽，像豪猪却长着柔软的红毛，叫声如同用辘轳抽水的响声，名为孟槐，把它养在身边可以抵御凶煞之气。这座谯明山，没有花草树木，到处是石青、雄黄。

涿光山

【原文】

又北三百五十里，曰涿光之山，嚣水出焉，而西流注于河。其中多鳛鳛之鱼[1]，其状如鹊而十翼，鳞皆在羽端，其音如鹊，可以御火，食之不瘅。其上多松柏，其下多棕橿，其兽多麢羊，其鸟多蕃。

【注释】

①鳛鳛（xí xí）之鱼：鱼名。

【译文】

再往北三百五十里，有山名为涿光山，嚣水从这座山起源，然后向西流入黄河。水中有很多鳛鳛鱼，外形像喜鹊却长有十只翅膀，鳞甲全长在羽翅的尖端，啼叫声如同喜鹊叫声，把它养在身边可以辟火，它的肉能治好人的黄疸。山上有很多松树和柏树，而山下有很多棕树和橿树，山中的野兽以羚羊居多，鸟类以蕃鸟居多。

虢山

【原文】

又北三百八十里，曰虢山[1]，其上多漆，其下多桐椐。其阳多玉，

何罗鱼

鳛鳛鱼

其阴多铁。伊水出焉，西流注于河。其兽多橐驼[2]，其鸟多寓[3]，状如鼠而鸟翼，其音如羊，可以御兵。

【注释】

①虢（guó）山：山名。

②橐（luò）驼：骆驼。

③寓：形似蝙蝠的小型飞鸟。

【译文】

再往北三百八十里，有山名为虢山，山上有很多漆树，山下有丰富的梧桐树和椐树，山南面蕴藏着丰富的玉石，山北面蕴藏着丰富的铁。伊水从这座山起源，向西流入黄河。山中的野兽以骆驼居多，飞鸟中以寓鸟居多，寓鸟的外形与老鼠相似，却长着鸟一样的翅膀，发出的声音像羊叫，人饲养它可以躲避刀刃之灾。

虢山之尾

【原文】

又北四百里，至于虢山之尾，其上多玉而无石。鱼水出焉，西流注于河，其中多文贝。

【译文】

再往北四百里，便到了虢山的末端，山上到处是美玉却没有石头。鱼水从这里起源，向西流入黄河，水中有很多色彩缤纷的贝壳。

丹熏山

【原文】

又北二百里，曰丹熏之山，其上多樗柏，其草多韭䪥[①]，多丹雘。熏水出焉，而西流注于棠水。有兽焉，其状如鼠，而菟[②]首麋耳，其音如嗥犬，以其尾飞，名曰耳鼠，食之不睬[③]，又可以御百毒。

【注释】

①韭䪥（xiè）：韭菜和䪥白。都是多年生草本植物，可以食用。

②菟：通“兔”。

③睬（cǎi）：肚子鼓胀。

【译文】

再往北二百里，有山名为丹熏山，山上有很多臭椿树和柏树，草中最多的是韭菜和䪥白，山上蕴藏着丰富的丹雘。熏水从这儿起源，然后向西流入棠水。山中有一种野兽，外形像老鼠，而长着兔子的脑袋和麋鹿的耳朵，啼叫的声音如同狗吠，它用尾巴飞行，名为耳鼠，人吃了它的肉，肚子就不会鼓胀，还可以百毒不侵。

石者山

【原文】

又北二百八十里，曰石者之山，其上无草木，多瑶碧。泚水出焉，西流注于河。有兽焉，其状如豹，而文题白身，名曰孟极，是善伏，其鸣自呼。

【译文】

再往北二百八十里，有山名为石者山，山上没有花草树木，蕴藏着丰富的瑶、碧美玉。泚水从这座山发源，向西流入黄河。山中有一种野兽，样子像豹子，额头上有纹路，身体是白色的，名为孟极，善于隐藏潜伏，它的叫声就是自己名称的读音。

边春山

【原文】

又北百一十里，曰边春之山，多葱、葵、韭、桃、李。杠水出焉，而西流注于泑泽。有兽焉，其状如禺而文身，善笑，见人则卧，名曰幽鴳①，其鸣自呼。

【注释】

①幽鴳（è）：兽名。

【译文】

再往北一百一十里，有山名为边春山，山上有很多野葱、葵菜、韭菜、桃树、李树。杠水从这座山起源，然后向西流入泑泽。山中有一种野兽，长得像猿猴，可身上都是花纹，总是笑嘻嘻的，见到人就卧倒装睡，名叫幽鴳，叫声就是它的名字的读音。

蔓联山

【原文】

又北二百里，曰蔓联之山，其上无草木。有兽焉，其状如禺而有鬣，牛尾、文臂、马蹄，见人则呼，名曰足訾[①]，其鸣自呼。有鸟焉，群居而朋飞，其毛如雌雉，名曰䴔[②]，其鸣自呼，食之已风。

【注释】

①足訾（zī）：兽名。

②䴔（jiāo）：一种水鸟，现代人称为“赤头鹭”。

【译文】

再往北二百里，有山名为蔓联山，山上没有花草树木。山中有一种野兽，长得像猿猴却有着鬣毛，长着牛的尾巴、遍布花纹的手臂、马的蹄子，见到人就大喊大叫，名为足訾，叫声就是它的名字的读音。山中生活着一种鸟，喜欢群居，而且会成群结队一起飞翔，毛发如同雌性的野鸡，名为䴔，叫声就是它的名字的读音，它的肉可以治愈中风。

单张山

【原文】

又北百八十里，曰单张之山，其上无草木。有兽焉，其状如豹而长尾，人首而牛耳，一目，名曰诸犍，善咤，行则衔其尾，居则蟠其尾。有鸟焉，其状如雉，而文首、白翼、黄足，名曰白鵺[①]，食之已嗌痛[②]，可以已痸[③]。栎水出焉，而南流注于杠水。

【注释】

①白鵺（yè）：鸟名。

②嗌（yì）痛：咽喉痛。

③痸（chì）：疯癫之症。

【译文】

再往北一百八十里，有山名为单张山，山上没有花草树木。山上有一种野兽，外形像豹子却有着很长的尾巴，脑袋长得像人而耳朵跟牛的一样，只有一只眼睛，名为诸犍，擅长咆哮，走路的时候总是叼着自己的尾巴，睡觉的时候就把尾巴盘起来。山里还有一种鸟，长得如同普通的野鸡，脑袋上遍布花纹，白色的翅膀、黄色的脚，名为白鵺，人若吃了它的肉可以治愈喉咙痛，也可以治愈痴呆。栎水从此山发源，然后向南流入杠水。

灌题山

【原文】

又北三百二十里，曰灌题之山，其上多樗柘，其下多流沙，多砥。有兽焉，其状如牛而白尾，其音如訆[①]，名曰那父。有鸟焉，其状如雌雉而人面，见人则跃，名曰竦斯，其鸣自呼也。匠韩之水出焉，而西流注于泑泽，其中多磁石。

【注释】

①訆（jiào）：古同“叫”，大声呼叫。

【译文】

再往北三百二十里，有山名为灌题山，山上有很多臭椿树和柘树，山下遍布流沙，蕴藏着丰富的磨石。山上有一种野兽，外形类似牛，却有白色的尾巴，叫声就像是人在大声呼唤，名为那父。山中还有一种鸟，长得类似雌性的野鸡，长有一张人的面孔，一看见人就跳跃不止，其名为竦斯，叫声就是它的名字的读音。匠韩水从此山发源，然后向西流入泑泽，水中蕴藏着丰富的磁铁石。

潘侯山

【原文】

又北二百里，曰潘侯之山，其上多松柏，其下多榛楛，其阳多玉，其阴多铁。有兽焉，其状如牛，而四节生毛，或曰旄牛。边水出焉，而南流注于栎泽。

【译文】

再往北二百里，有山名为潘侯山，山上有很多松树和柏树，山下有很多榛树和楛树，山南边蕴藏着丰富的玉石，山北边蕴藏着丰富的铁矿。山上有一种野兽，类似牛，但四肢关节上的毛都很长，名为牦牛。边水从此山发源，然后向南流入栎泽。

小咸山

【原文】

又北二百三十里，曰小咸之山，无草木，冬夏有雪。

【译文】

再往北二百三十里，有山名为小咸山，山上没有花草树木，无论冬天还是夏天都有积雪。

大咸山

【原文】

北二百八十里，曰大咸之山，无草木，其下多玉。是山也，四方，不可以上。有蛇名曰长蛇，其毛如彘豪，其音如鼓柝[①]。

【注释】

①鼓柝（tuò）：击柝。柝，巡夜报更的木梆。

【译文】

往北二百八十里，有山名为大咸山，山上没有花草树木，山下蕴藏着丰富的玉石。这座山四四方方的，人无法攀登上去。山中有一种蛇，名为长蛇，身上的毛发跟猪毛一样刚硬，叫声就像击柝的声音。

敦薨山

【原文】

又北三百二十里，曰敦薨之山[①]，其上多棕楠，其下多茈草[②]。敦薨之水出焉，而西流注于泑泽。出于昆仑之东北隅，实惟河原。其中多赤鲑[③]。其兽多兕、旄牛，其鸟多尸鸠。

【注释】

①敦薨（hōng）山：山名，即如今的新疆天山。

②茈草：紫草。茈，通“紫”。

③赤鲑：红色的鲑鱼。

【译文】

再往北三百二十里，有山名为敦薨山，山上有很多棕树和楠树，山下是繁茂的紫草。敦薨水从此山发源，然后向西流入泑泽。泑泽位于昆仑山的东北角，其实是黄河的源头。敦薨水中有许多赤鲑鱼。山中野兽以兕牛、牦牛居多，鸟类中以布谷鸟居多。

少咸山

【原文】

又北二百里，曰少咸之山，无草木，多青碧。有兽焉，其状如牛，而赤身、人面、马足，名曰窫窳[①]，其音如婴儿，是食人。敦水出焉，东流注于雁门之水，其中多䱻䱻[②]之鱼，食之杀人。

【注释】

①窫窳（yà yǔ）：上古传说中的天神。性情原本善良，死而复生之后，变成凶残好杀的怪兽，好吃人。

②䱻䱻（bèi）：鱼名，据说是江豚。

【译文】

再往北二百里，有山名为少咸山，山上没有花草树木，蕴藏着丰富的青碧美玉。山中有一种野兽，外形类似牛，却长着红色的身体、人的面孔、马的蹄子，名为窫窳，发出的声音如同婴儿啼哭，会吃人。敦水从此山发源，向东流入雁门水，水中生活着许多䱻䱻鱼，人吃了它的肉就会身亡。

狱法山

【原文】

又北二百里，曰狱法之山，瀤泽之水出焉，而东北流注于泰泽。其中多鱳鱼[①]，其状如鲤而鸡足，食之已疣。有兽焉，其状如犬而人面，善投，见人则笑，其名曰山𤟤，其行如风，见则天下大风。

【注释】

①鱳（zǎo）鱼：传说中的怪鱼。

【译文】

再往北二百里，有山名为狱法山，瀤泽水从这里发源，然后向东北流入泰泽。水中有很多鱳鱼，外形像鲤鱼却长着鸡的爪子，人吃了它的肉就能治好肿瘤。山中还有一种野兽，身体像狗却长着人的面孔，擅长投掷，一看见人就嬉笑，名为山𤟤，它走路快得像风，一出现天下就会起大风。

北岳山

【原文】

又北二百里，曰北岳之山，多枳棘刚木。有兽焉，其状如牛，而四角、人目、彘耳，其名曰诸怀，其音如鸣雁，是食人。诸怀之水出焉，而西流注于嚻水。其中多鮨鱼，鱼身而犬首，其音如婴儿，食之已狂。

【译文】

再往北二百里，有山名为北岳山，山上有很多枳树、酸枣树和檀树、柘树一类的树木。这里生活着一种野兽，外形像牛，却长着四只角、人的眼睛、猪的耳朵，名为诸怀，发出的声音如同大雁鸣叫，会吃人。诸怀水从此山发源，然后向西流入嚣水，水中有很多鮨鱼，长着鱼的身体、狗的脑袋，发出的声音像婴儿啼哭，人吃了它的肉就能治愈癫狂。

浑夕山

【原文】

又北百八十里，曰浑夕之山，无草木，多铜玉。嚣水出焉，而西北流注于海。有蛇一首两身，名曰肥遗，见则其国大旱。

【译文】

再往北一百八十里，有山名为浑夕山，山上没有花草树木，蕴藏着丰富的铜和玉石。嚣水从此山发源，然后向西北流入大海。这里有一种长着一个头、两个身体的蛇，名为肥遗，在哪个国家出现哪个国家就会发生大旱灾。

北单山

【原文】

又北五十里，曰北单之山，无草木，多葱韭。

【译文】

再往北五十里，有山名为北单山，山上没有花草树木，却生长着茂盛的葱和韭菜。

罴差山

【原文】

又北百里，曰罴差之山，无草木，多马。

【译文】

再往北一百里，有山名为罴差山，山上没有花草树木，却有很多野马。

北鲜山

【原文】

又北百八十里，曰北鲜之山，是多马。鲜水出焉，而西北流注于涂吾之水。

【译文】

再往北一百八十里，有山名为北鲜山，这里有很多野马。鲜水从这里发源，然后向西北流入涂吾水。

隄山

【原文】

又北百七十里，曰隄山，多马。有兽焉，其状如豹而文首，名曰狕。隄水出焉，而东流注于泰泽，其中多龙龟。

【译文】

再往北一百七十里，有山名为隄山，山上有很多野马。这里生活着一种野兽，身形像豹子而脑袋上有花纹，名为狕。隄水从此山发源，然后向东流入泰泽，水中有很多龙龟。

北山经 总结

【原文】

凡北山之首，自单狐之山至于隄山，凡二十五山，五千四百九十里，其神皆人面蛇身。其祠之：毛用一雄鸡彘瘗，吉玉用一珪，瘗而不糈。其山北人，皆生食不火之物。

【译文】

纵观北方第一列山系的首尾，从单狐山起，到隄山为止，总共有二十五座山，途经五千四百九十里，这些山的山神都是人的面孔、蛇的身体。祭祀这些山神的方式是：带毛的祭品中选取一只公鸡、一头猪，掩埋入地下，祭祀的吉祥玉器用一块珪，埋入地下，不用精米祭祀。祭祀时，住在这些山北面的人，都生吃没有经过烹煮的食物。

北次二经

管涔山

【原文】

北次二山之首，在河之东，其首枕汾，其名曰管涔之山。其上无木而多草，其下多玉。汾水出焉，而西流注于河。

【译文】

北方第二列山系中的第一座山，在黄河的东边，这座山的首端在汾水旁边，有山名为管涔山。山上没有树木却有许多花草，山下蕴藏着丰富的玉石。汾水从此山发源，向西流注入黄河。

少阳山

【原文】

又北二百五十里，曰少阳之山，其上多玉，其下多赤银。酸水出焉，而东流注于汾水，其中多美赭。

【译文】

再往北二百五十里，有山名为少阳山，山上蕴藏着丰富的玉石，山下蕴藏着丰富的赤银。酸水从此山发源，然后向东流入汾水，水中蕴藏着丰富的品质优良的赭石。

县雍山

【原文】

又北五十里，曰县雍之山，其上多玉，其下多铜，其兽多闾麋[①]，其鸟多白翟白䳓[2]。晋水出焉，而东南流注于汾水。其中多鮆鱼，其状如儵而赤鳞，其音如叱，食之不骚。

【注释】

①闾（lú）麋：据说就是黑色的母羭。

②白䳓（yǒu）：鸟名，即白翰，一种白色羽毛的野鸡，古时候是瑞鸟。

【译文】

再往北五十里，有山名为县雍山，山上蕴藏着丰富的玉石，山下蕴藏着丰富的铜，山中的野兽以山驴和麋鹿居多；而鸟类以白色野鸡和白翰鸟居多。晋水从此山发源，然后向东南流入汾水。水中有很多鮆鱼，外形像小儵鱼却长着红色的鳞甲，发出的声音如同人的斥责声，吃了它的肉就不会得狐臭。

狐岐山

【原文】

又北二百里，曰狐岐之山，无草木，多青碧。胜水出焉，而东北流注于汾水，其中多苍玉。

【译文】

往北二百里，有山名为狐岐山，山上没有花草树木，蕴藏着丰富的青石碧玉。胜水从此山发源，然后向东北流入汾水，水中蕴藏着丰富的苍玉。

白沙山

【原文】

又北三百五十里，曰白沙山，广员三百里，尽沙也，无草木鸟兽。鲔水出于其上，潜于其下，是多白玉。

【译文】

再往北三百五十里，有山名为白沙山，占地方圆三百里，遍布着沙子，没有花草树木和飞禽走兽。鲔水从这座山的山顶发源，然后潜流到山下，水中蕴藏着丰富的白玉。

尔是山

【原文】

又北四百里，曰尔是之山，无草木，无水。

【译文】

再往北四百里，有山名为尔是山，山上没有花草树木，也没有水。

狂山

【原文】

又北三百八十里，曰狂山，无草木。是山也，冬夏有雪。狂水出焉，而西流注于浮水，其中多美玉。

【译文】

再往北三百八十里，有山名为狂山，山上没有花草树木。这座狂山，冬天和夏天都有积雪。狂水从这里发源，然后向西流入浮水，水中蕴藏着丰富的优良玉石。

诸馀山

【原文】

又北三百八十里，曰诸馀之山，其上多铜玉，其下多松柏。诸馀之水出焉，而东流注于旄水。

【译文】

再往北三百八十里，有山名为诸馀山，山上蕴藏着丰富的铜和玉石，山下有很多松树和柏树。诸馀水从此山发源，然后向东流入旄水。

敦头山

【原文】

又北三百五十里，曰敦头之山，其上多金玉，无草木。旄水出焉，而东流注于邛泽。其中多䮴马，牛尾而白身，一角，其音如呼。

【译文】

再往北三百五十里，有山名为敦头山，山上蕴藏着丰富的金属和玉石，但没有花草树木。旄水从此山发源，然后向东流入邛泽。山中有很多䮴马，长着牛一样的尾巴和白色的身体，长着一只角，发出的声音如同人在呼唤。

钩吾山

【原文】

又北三百五十里，曰钩吾之山，其上多玉，其下多铜。有兽焉，其状羊身人面，其目在腋下，虎齿人爪，其音如婴儿，名曰狍鸮，是食人。

【译文】

再往北三百五十里，有山名为钩吾山，山上蕴藏着丰富的玉石，山下蕴藏着丰富的铜。山上有一种野兽，身体像羊却长着人的面孔，眼睛长在腋窝下，有着老虎一样的牙齿和人一样的指甲，发出的声音如同婴儿啼哭，名为狍鸮，会吃人。

北嚣山

【原文】

又北三百里，曰北嚣之山，无石，其阳多碧，其阴多玉。有兽焉，其状如虎，而白身犬首，马尾彘鬣，名曰独狢。有鸟焉，其状如乌，人面，名曰鹭鹃，宵飞而昼伏，食之已暍。涔水出焉，而东流注于邛泽。

【译文】

再往北三百里，有山名为北嚣山，山上没有石头，山南面蕴藏着丰富的碧玉，山北面蕴藏着丰富的玉石。山中有一种野兽，身形像老虎，却长着白色的身体、狗一样的脑袋、马一样的尾巴、猪鬃一样的硬毛，名为独狢。山中还有一种鸟，外形像乌鸦，却长着人的面孔，名为䳋鵰，在夜里活动而在白天隐伏，吃了它的肉就能使人不中暑。涔水从此山发源，然后向东流入邛泽。

梁渠山

【原文】

又北三百五十里，曰梁渠之山，无草木，多金玉。脩水出焉，而东流注于雁门。其兽多居暨，其状如彙而赤毛，其音如豚。有鸟焉，其状如夸父，四翼、一目、犬尾，名曰嚣，其音如鹊，食之已腹痛，可以止衕。

【译文】

再往北三百五十里，有山名为梁渠山，山上没有花草树木，蕴藏着丰富的金属和玉石。脩水从此山发源，然后向东流入雁门水。山中的野兽以居暨兽居多，外形像蝟鼠却浑身长着红色的毛，发出的声音如同小猪叫。山中还有一种鸟，样子像夸父，长着四只翅膀、一只眼睛、狗一样的尾巴，名为嚣，它的叫声与喜鹊相似，人吃了它的肉就可以治愈肚子痛，还可以治好腹泻。

姑灌山

【原文】

又北四百里，曰姑灌之山，无草木。是山也，冬夏有雪。

【译文】

再往北四百里，有山名为姑灌山，山上没有花草树木。这座山，无论冬天、夏天都有积雪。

湖灌山

【原文】

又北三百八十里，曰湖灌之山，其阳多玉，其阴多碧，多马。湖灌之水出焉，而东流注于海，其中多䱇。有木焉，其叶如柳而赤理。

【译文】

再往北三百八十里，有山名为湖灌山，山南面蕴藏着丰富的玉石，山北面蕴藏着丰富的碧玉，山上有很多野马。湖灌水从此山发源，然后向东流入大海，水中有很多鳝鱼。山里生长着一种树木，叶子像柳树叶，却有红色的纹理。

洹山

【原文】

又北水行五百里，流沙三百里，至于洹山，其上多金玉。三桑生之，其树皆无枝，其高百仞。百果树生之。其下多怪蛇。

【译文】

再往北行五百里水路，途经三百里流沙，便到了洹山，山上蕴藏着丰富的金属和玉石。山中生长着一种三桑树，这种树都不长枝条，树干高达一百仞。山上还生长着各种果树。山下有很多怪蛇。

敦题山

【原文】

又北三百里，曰敦题之山，无草木，多金玉。是錞于北海。

【译文】

再往北三百里，有山名为敦题山，山上没有花草树木，但蕴藏着丰富的金属和玉石。这座山坐落在北海的岸边。

北次二经 总结

【原文】

凡北次二山之首，自管涔之山至于敦题之山，凡十七山，五千六百九十里。其神皆蛇身人面。其祠：毛用一雄鸡彘瘗；用一璧一珪，投而不糈。

【译文】

纵观北方第二列山系的首尾，自管涔山起到敦题山止，一共十七座山，途经五千六百九十里。诸山山神都是蛇的身体、人的面孔。祭祀山神的典礼如下：在有毛的祭品中选取一只公鸡、一头猪一起埋入地下；祀神的玉器用一块玉璧和一块玉珪，一起投入山中，祭祀时不用精米。

北次三经

太行山与归山

【原文】

北次三山之首，曰太行之山。其首曰归山，其上有金玉，其下有碧。有兽焉，其状如麢羊而四角，马尾而有距，其名曰䮝，善还，其名自讠川。有鸟焉，其状如鹊，白身、赤尾、六足，其名曰鷾，是善惊，其鸣自詨。

【译文】

北方第三列山系的第一座山，叫作太行山。太行山的首端叫归山，山上蕴藏着金属和玉石，山下蕴藏着碧玉。山中生活着一种野兽，样子类似羚羊却有四只角，长着马一样的尾巴和鸡一样的爪子，名为䮝，善于旋转起舞，它发出的叫声就是自身名称的读音。山中还有一种鸟，外形像喜鹊，长着白身体、红尾巴、六只脚，名为鷾，这种鸟十分警觉，它的叫声就是自身名字的读音。

龙侯山

【原文】

又东北二百里，曰龙侯之山，无草木，多金玉。决决之水出焉，而东流注于河。其中多人鱼，其状如鯑鱼，四足，其音如婴儿，食之无痴疾。

【译文】

再往东北二百里，有山名为龙侯山，山上没有花草树木，但蕴藏着丰富的金属和玉石。決決水从此山发源，然后向东流入黄河。水中有很多人鱼，外形像鯑鱼，长有四只脚，发出的声音像婴儿啼哭，吃了它的肉就能使人不患疯癫。

马成山

【原文】

又东北二百里，曰马成之山，其上多文石，其阴多金玉。有兽焉，其状如白犬而黑头，见人则飞，其名曰天马，其鸣自训。有鸟焉，其状如乌，首白而身青、足黄，是名曰鶌鶋。其鸣自詨，食之不饥，可以已寓。

【译文】

再往东北二百里，有山名为马成山，山上蕴藏着丰富的有纹理的石头，山北面蕴藏着丰富的金属和玉石。山里有一种野兽，外形类似白狗却长着黑脑袋，一看见人就腾空飞起，名为天马，它的叫声就是自身名称的读音。山里还有一种鸟，外形像乌鸦，却长着白色的脑袋和青色的身体、黄色的足爪，名为鶌鶋。它的叫声便是自身名称的读音，吃了它的肉能使人感觉不到饥饿，还可以医治痴呆症。

咸山

【原文】

又东北七十里，曰咸山，其上有玉，其下多铜，是多松柏，草多茈草。条菅之水出焉，而西南流注于长泽。其中多器酸，三岁一成，食之已疠。

【译文】

再往东北七十里，有山名为咸山，山上蕴藏着丰富的玉石，山下蕴藏着丰富的铜，这里有很多松树和柏树，在所生长的草中以紫草居多。条菅水从此山发源，然后向西南流入长泽。水中蕴藏着丰富的器酸，这种器酸三年才能收一次，吃了它能治愈人的麻风。

天池山

【原文】

又东北二百里，曰天池之山，其上无草木，多文石。有兽焉，其状如兔而鼠首，以其背飞，其名曰飞鼠。渑水出焉，潜于其下，其中多黄垩。

【译文】

再往东北二百里，有山名为天池山，山上没有花草树木，蕴藏着丰富的带有花纹的石头。这里有一种野兽，外形像兔子却长着老鼠的头，借助背上的毛飞行，名为飞鼠。渑水从此山发源，然后潜流到山下，水中有很多黄色垩土。

阳山

【原文】

又东三百里，曰阳山，其上多玉，其下多金铜。有兽焉，其状如牛而赤尾，其颈腎，其状如句瞿，其名曰领胡，其鸣自詨，食之已狂。有鸟焉，其状如雌雉，而五采以文，是自为牝牡，名曰象蛇，其鸣自詨。留水出焉，而南流注于河。其中有䱻父之鱼，其状如鲋鱼，鱼首而彘身，食之已呕。

【译文】

再往东三百里，有山名为阳山，山上蕴藏着丰富的玉石，山下蕴藏着丰富的金和铜。山上有一种野兽，外形类似牛却长着红尾巴，脖子上有肉瘤，像个斗，名为领胡，叫声就是它的名字的读音，人吃了它的肉能治愈癫狂症。山中还有一种鸟，外形像雌性野鸡，而羽毛上有五彩斑斓的花纹，这种鸟雄雌同体，名为象蛇，它发出的叫声便是自身名称的读音。留水从此山发源，然后向南流入黄河。水中有很多䱻父鱼，外形像鲫鱼，长着鱼的头却是猪的身体，人吃了它的肉可以治愈呕吐。

贲闻山

【原文】

又东三百五十里，曰贲闻之山，其上多苍玉，其下多黄垩，多涅石。

【译文】

再往东三百五十里，有山名为贲闻山，山上蕴藏着丰富的苍玉，山下蕴藏着丰富的黄色垩土，也有许多涅石。

王屋山

【原文】

又北百里，曰王屋之山，是多石。𤃨水出焉，而西北流注于泰泽。

【译文】

再往北一百里，有山名为王屋山，这里蕴藏着丰富的石头。𤃨水从此山发源，然后向西北流入泰泽。

教山

【原文】

又东北三百里，曰教山，其上多玉而无石。教水出焉，西流注于河，是水冬干而夏流，实惟干河。其中有两山。是山也，广员三百步，其名曰发丸之山，其上有金玉。

【译文】

再往东北三百里，有山名为教山，山上蕴藏着丰富的玉石却没有石头。教水从此山发源，向西流入黄河，这条河冬季枯涸而夏季才有水流，确实可说是一条干河。教水的河道中有两座小山。这两座小山，方圆三百步，名为发丸山，小山上蕴藏着金属和玉石。

景山

【原文】

又南三百里，曰景山，南望盐贩之泽，北望少泽，其上多草、藷芎，其草多秦椒，其阴多赭，其阳多玉。有鸟焉，其状如蛇，而四翼、六目、三足，名曰酸与，其鸣自詨，见则其邑有恐。

【译文】

再往南三百里，有山名为景山，在山上向南可以望见盐贩泽，向北可以望见少泽，山上有很多丛草、藷芎，这里的草以秦椒居多，山北面蕴藏着丰富的赭石，山南面蕴藏着丰富的玉石。山里有一种鸟，外形像蛇，却长有四只翅膀、六只眼睛、三只脚，名为酸与，它发出的叫声便是自身名称的读音，它在哪里出现哪里就会发生恐怖的事情。

孟门山

【原文】

又东南三百二十里，曰孟门之山，其上多苍玉，多金，其下多黄垩，多涅石。

【译文】

再往东南三百二十里，有山名为孟门山，山上蕴藏有丰富的苍玉，还蕴藏着丰富的金属，山下蕴藏着丰富的黄色垩土，还有许多涅石。

平山

【原文】

又东南三百二十里，曰平山，平水出于其上，潜于其下，是多美玉。

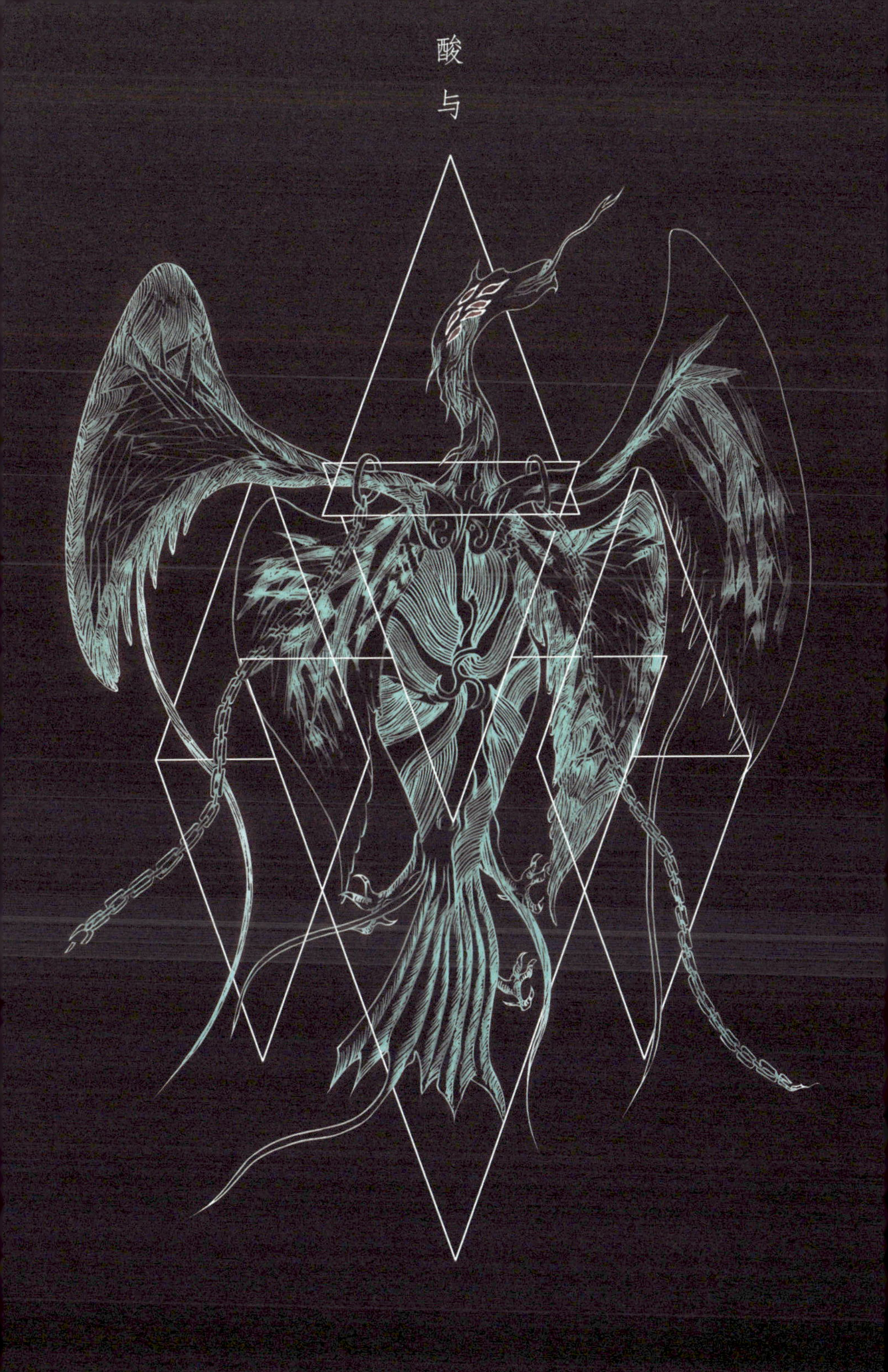
酸与

【译文】

再往东南三百二十里，有山名为平山，平水从这座山的山顶发源，然后潜流到山下，水中蕴藏着丰富的优良玉石。

京山

【原文】

又东二百里，曰京山，有美玉，多漆木，多竹，其阳有赤铜，其阴有玄䃌。高水出焉，南流注于河。

【译文】

再往东二百里，有山名为京山，山上蕴藏着美玉，有很多漆树，遍山是竹林，在这座山的南面蕴藏着赤铜，山北面蕴藏着黑色磨石。高水从此山发源，向南流入黄河。

虫尾山

【原文】

又东二百里，曰虫尾之山，其上多金玉，其下多竹，多青碧。丹水出焉，南流注于河。薄水出焉，而东南流注于黄泽。

【译文】

再往东二百里，有山名为虫尾山，山上蕴藏着丰富的金属和玉石，山下有许多竹丛，还蕴藏着丰富的青石碧玉。丹水从此山发源，向南流入黄河。薄水也从此山发源，向东南流入黄泽。

彭毗山

【原文】

又东三百里，曰彭毗之山，其上无草木，多金玉，其下多水。蚤林之水出焉，东南流注于河。肥水出焉，而南流注于床水，其中多肥遗之蛇。

【译文】

再往东三百里，有山名为彭毗山，山上没有花草树木，蕴藏着丰富的金属和玉石，山下到处是流水。蚤林水从此山发源，向东南流入黄河。肥水也从此山发源，然后向南流入床水，水中有很多叫作肥遗的蛇。

小侯山

【原文】

又东百八十里，曰小侯之山，明漳之水出焉，南流注于黄泽。有鸟焉，其状如乌而白文，名曰鸪鸐，食之不灂。

【译文】

再往东一百八十里，有山名为小侯山，明漳水从此山发源，向南流入黄泽。山中有一种鸟，身形像乌鸦却有白色的斑纹，名为鸪鸐，吃了它的肉能使人的眼睛变得明亮不昏花。

泰头山

【原文】

又东三百七十里，曰泰头之山，共水出焉，南注于虖池。其上多金玉，其下多竹箭。

【译文】

再往东三百七十里，有山名为泰头山，共水从此山发源，向南流入虖池水。山上蕴藏着丰富的金属和玉石，山下有许多小竹丛。

轩辕山

【原文】

又东北二百里，曰轩辕之山，其上多铜，其下多竹。有鸟焉，其状如枭而白首，其名曰黄鸟，其鸣自詨，食之不妒。

【译文】

再往东北二百里，有山名为轩辕山，山上蕴藏着丰富的铜，山下有许多竹子。山中有一种鸟，身形像猫头鹰却长着白色的脑袋，名为黄鸟，叫声就是它的名字的读音，吃了它的肉能使人不生妒忌之心。

谒戾山

【原文】

又北二百里，曰谒戾之山，其上多松柏，有金玉。沁水出焉，南流注于河。其东有林焉，名曰丹林。丹林之水出焉，南流注于河。婴侯之水出焉，北流注于汜水。

【译文】

再往北二百里，有山名为谒戾山，山上有很多松树和柏树，还蕴藏着金属和玉石。沁水从此山发源，向南流入黄河。在这座山的东面有一片树林，叫作丹林。丹林水便从这里发源，向南流入黄河。婴侯水也从这里发源，向北流入汜水。

沮洳山

【原文】

东三百里，曰沮洳之山，无草木，有金玉。濝水出焉，南流注于河。

【译文】

往东三百里，有山名为沮洳山，山上没有花草树木，蕴藏着金属和玉石。濝水从此山发源，向南流入黄河。

神囷山

【原文】

又北三百里，曰神囷之山，其上有文石，其下有白蛇，有飞虫。黄水出焉，而东流注于洹。滏水出焉，而东流注于欧水。

【译文】

再往北三百里，有山名为神囷山，山上有带漂亮花纹的石头，山下有白蛇，还有飞虫。黄水从此山发源，然后向东流入洹水。滏水也从此山发源，向东流入欧水。

发鸠山

【原文】

又北二百里，曰发鸠之山，其上多柘木。有鸟焉，其状如乌，文首、白喙、赤足，名曰精卫，其鸣自詨。是炎帝之少女名曰女娃，女娃游于东海，溺而不返，故为精卫，常衔西山之木石，以堙于东海。漳水出焉，东流注于河。

【译文】

再往北二百里，有山名为发鸠山，山上有很多柘树。山中有一种鸟，外形像乌鸦，却长着花脑袋、白嘴巴、红爪，名为精卫，它发出的叫声就是自身名称的读音。精卫鸟原是炎帝的小女儿，名叫女娃，女娃到东海游玩，淹死在东海里没有返回，就变成了精卫鸟，常常衔着西山的树枝和石子，用来填塞东海。漳水从此山发源，向东流入黄河。

少山

【原文】

又东北百二十里，曰少山，其上有金玉，其下有铜。清漳之水出焉，东流注于浊漳之水。

【译文】

再往东北一百二十里，有山名为少山，山上蕴藏着金属和玉石，山下蕴藏着铜。清漳水从此山发源，向东流入浊漳水。

锡山

【原文】

又东北二百里，曰锡山，其上多玉，其下有砥。牛首之水出焉，而东流注于滏水。

【译文】

再往东北二百里，有山名为锡山，山上蕴藏着丰富的玉石，山下蕴藏着磨石。牛首水从此山发源，然后向东流入滏水。

景山

【原文】

又北二百里，曰景山，有美玉。景水出焉，东南流注于海泽。

【译文】

再往北二百里，有山名为景山，山上蕴藏着优良的玉石。景水从此山发源，向东南流入海泽。

题首山

【原文】

又北百里，曰题首之山，有玉焉，多石，无水。

【译文】

再往北一百里，有山名为题首山，山上蕴藏着玉石，也有许多石头，但没有水。

绣山

【原文】

又北百里，曰绣山，其上有玉、青碧。其木多栒，其草多芍药、芎䓖。洧水出焉，而东流注于河，其中有鳠、黾。

【译文】

再往北一百里，有山名为绣山，山上蕴藏着玉石、青色碧玉。山中的树木以栒树居多，而草以芍药、芎䓖居多。洧水从此山发源，然后向东流入黄河，水中有鳠鱼和黾蛙。

松山

【原文】

又北百二十里，曰松山，阳水出焉，东北流注于河。

【译文】

再往北一百二十里，有山名为松山，阳水从此山发源，向东北流入黄河。

敦与山

【原文】

又北百二十里，曰敦与之山，其上无草木，有金玉。溹水出于其阳，而东流注于泰陆之水；泜水出于其阴，而东流注于彭水。槐水出焉，而东流注于泜泽。

【译文】

再往北一百二十里，有山名为敦与山，山上没有花草树木，蕴藏着金属和玉石。溹水从敦与山的南面发源，然后向东流入泰陆水；泜水从敦与山的北面发源，然后向东流入彭水。槐水也从此山发源，然后向东流入泜泽。

柘山

【原文】

又北百七十里，曰柘山，其阳有金玉，其阴有铁。历聚之水出焉，而北流注于洧水。

【译文】

再往北一百七十里，有山名为柘山，山南面蕴藏着金属和玉石，山北面蕴藏着铁。历聚水从此山发源，然后向北流入洧水。

维龙山

【原文】

又北三百里，曰维龙之山，其上有碧玉，其阳有金，其阴有铁。肥水出焉，而东流注于皋泽，其中多礨石[①]。敞铁之水出焉，而北流注于大泽。

【注释】

①礨（lěi）石：大石。

【译文】

再往北三百里，有山名为维龙山，山上蕴藏着碧玉，山南面蕴藏着金，山北面蕴藏着铁。肥水从此山发源，然后向东流入皋泽，水中有很多大石头。敞铁水也从此山发源，然后向北流入大泽。

白马山

【原文】

又北百八十里，曰白马之山，其阳多石玉，其阴多铁，多赤铜。木马之水出焉，而东北流注于虖沱。

【译文】

再往北一百八十里，有山名为白马山，山南面有很多石头和玉石，山北面蕴藏着丰富的铁，还有丰富的赤铜。木马水从此山发源，然后向东北流入虖沱水。

空桑山

【原文】

又北二百里，曰空桑之山，无草木，冬夏有雪。空桑之水出焉，东流注于虖沱。

【译文】

再往北二百里，有山名为空桑山，山上没有花草树木，冬天和夏天都有积雪。空桑水从此山发源，向东流入虖沱水。

泰戏山

【原文】

又北三百里，曰泰戏之山，无草木，多金玉。有兽焉，其状如羊，一角一目，目在耳后，其名曰𤟤𤟤[①]，其鸣自訆。虖沱之水出焉，而东流注于溇水。液女之水出于其阳，南流注于沁水。

【注释】

①𤟤（dōng）：传说中的兽名。

【译文】

再往北三百里，有山名为泰戏山，山上没有花草树木，蕴藏着丰富的金属和玉石。山上有一种野兽，样子类似羊，却长着一只角、一只眼睛，眼睛在耳朵的背后，名为𤟤𤟤，它发出的叫声便是自身名称的读音。虖沱水从此山发源，然后向东流入溇水。液女水发源于这座山的南面，向南流入沁水。

石山

【原文】

又北三百里，曰石山，多藏金玉。濩濩之水出焉，而东流注于虖沱；鲜于之水出焉，而南流注于虖沱。

【译文】

再往北三百里，有山名为石山，山中蕴藏着丰富的金属和玉石。濩濩水从此山发源，然后向东流入虖沱水；鲜于水也从此山发源，然后向南流入虖沱水。

童戎山

【原文】

又北二百里，曰童戎之山，皋涂之水出焉，而东流注于溇液水。

【译文】

再往北二百里，有山名为童戎山，皋涂水从此山发源，然后向东流入溇液水。

高是山

【原文】

又北三百里，曰高是之山，滋水出焉，而南流注于虖沱。其木多棕，其草多条。滱水出焉，东流注于河。

【译文】

再往北三百里，有山名为高是山，滋水从此山发源，然后向南流入虖沱水。山中的树木以棕树居多，草以条草居多。滱水也从此山发源，然后向东流入黄河。

陆山

【原文】

又北三百里，曰陆山，多美玉。鄵水出焉，而东流注于河。

【译文】

再往北三百里，有山名为陆山，蕴藏着丰富的优良玉石。鄵水从此山发源，然后向东流入黄河。

沂山

【原文】

又北二百里，曰沂山，般水出焉，而东流注于河。

【译文】

再往北二百里，有山名为沂山，般水从此山发源，然后向东流入黄河。

燕山

【原文】

北百二十里，曰燕山，多婴石。燕水出焉，东流注于河。

【译文】

往北一百二十里，有山名为燕山，山上有很多婴石。燕水从此山发源，向东流入黄河。

饶山

【原文】

又北山行五百里，水行五百里，至于饶山。是无草木，多瑶碧，其兽多橐驼，其鸟多鹠。历虢之水出焉，而东流注于河。其中有师鱼，食之杀人。

【译文】

再往北走五百里山路，又走五百里水路，便到了饶山。这座山上没有花草树木，蕴藏着丰富的瑶、碧一类的美玉，山中的野兽以骆驼居多，而鸟类以鸺鹠居多。历虢水从此山发源，然后向东流入黄河。水中有师鱼，人吃了它的肉就会中毒而死。

乾山

【原文】

又北四百里，曰乾山，无草木，其阳有金玉，其阴有铁而无水。有兽焉，其状如牛而三足，其名曰獂，其鸣自詨。

【译文】

再往北四百里，有山名为乾山，山上没有花草树木，山南面蕴藏着金属和玉石，山北面蕴藏着铁，但没有水。这里有一种野兽，外形类似牛却长着三只脚，名为獂，它发出的叫声便是自身名称的读音。

伦山

【原文】

又北五百里，曰伦山，伦水出焉，而东流注于河。有兽焉，其状如麋，其州[①]在尾上，其名曰罴九[②]。

【注释】

①州：这里的州通“窍”，是肛门的意思。

②罴（pí）九：古代传说中的野兽。

【译文】

再往北五百里，有山名为伦山，伦水从此山发源，然后向东流入黄河。山中有一种野兽，外形像麋鹿，肛门却长在尾巴上面，名为罴九。

碣石山

【原文】

又北五百里，曰碣石之山，绳水出焉，而东流注于河，其中多蒲夷之鱼。其上有玉，其下多青碧。

【译文】

再往北五百里，有山名为碣石山，绳水从此山发源，然后向东流入黄河，水中有很多蒲夷鱼。山上蕴藏着玉石，山下蕴藏着丰富的青石、碧玉。

雁门山

【原文】

又北水行五百里，至于雁门之山，无草木。

【译文】

再往北行五百里水路，便到了雁门山，山上没有花草树木。

帝都山

【原文】

又北水行四百里，至于泰泽。其中有山焉，曰帝都之山，广员百里，无草木，有金玉。

【译文】

再往北行四百里水路，便到了泰泽。在泰泽中屹立着一座山，叫作帝都山，此山占地方圆一百里，山上没有花草树木，蕴藏着金属和玉石。

錞于毋逢山

【原文】

又北五百里，曰錞于毋逢之山，北望鸡号之山，其风如飚。西望幽都之山，浴水出焉。是有大蛇，赤首白身，其音如牛，见则其邑大旱。

【译文】

再往北五百里，有山名为錞于毋逢山，从山上向北可以望见鸡号山，从那里吹出强劲的风。从錞于毋逢山向西可以望见幽都山，浴水从那里流出。这座山中有一种大蛇，红色的脑袋、白色的身体，发出的声音如同牛叫，在哪里出现哪里就会有大旱灾。

北次三经 总结

【原文】

凡北次三山之首，自太行之山以至于毋逢之山，凡四十六山，万二千三百五十里。其神状皆马身而人面者廿神。其祠之：皆用一藻珪瘗之。其十四神状皆彘身而载玉。其祠之：皆玉，不瘗。其十神状皆彘身而八足蛇尾。其祠之：皆用一璧瘗之。大凡四十四神，皆用稌糈米祠之。此皆不火食。

右北经之山，凡八十七山，二万三千二百三十里。

【译文】

纵观北方第三列山系的首尾，从太行山起到錞于毋逢山为止，总共有四十六座山，途经一万二千三百五十里。其中二十座山的山神，都是马的身体、人的面孔。祭祀这些山神的方式是：把祭品中藻和珪之类的东西埋入地下。另外十四座山山神的外形是猪一样的身体，佩戴着玉制饰品。祭祀这些山神的方式是：用玉器祭祀，不埋入地下。还有十座山山神的外形都是猪一样的身体却长着八只脚和蛇一样的尾巴。祭祀这些山神的方式是：用一块玉璧祭祀后埋入地下。所有这四十四位山神，都要用精米中的稻米来祭祀。参加这项祭祀活动的人都要吃未经火烹调的食物。

以上是北方的山系，总共八十七座山，长达二万三千二百三十里。

东山经

东山经

樕螽山

【原文】

东山之首，曰樕螽之山[①]，北临乾昧。食水出焉，而东北流注于海。其中多鳙鳙之鱼[②]，其状如犁牛，其音如彘鸣。

【注释】

①樕螽（sù zhū）之山：山名。

②鳙鳙（yōng）之鱼：鱼名，并非现在的鳙鱼，是《山海经》中独有记载的怪鱼。

【译文】

在东方的第一列山系中，第一座山名为樕螽山，它的北面紧挨着乾昧山。食水从此山发源，然后向东北流入大海。水中有很多鳙鳙鱼，长得像犁牛，叫声似猪叫。

藟山

【原文】

又南三百里，曰藟山[①]，其上有玉，其下有金。湖水出焉，东流注于食水，其中多活师[②]。

【注释】

①藟（lěi）山：山名。

②活师：蝌蚪。

【译文】

往南行三百里，有山名为虈山，山上蕴藏着丰富的玉石，山下蕴藏着黄金。湖水从此山发源，向东流入食水，水中生活着很多蝌蚪。

栒状山

【原文】

又南三百里，曰栒状之山，其上多金玉，其下多青碧石。有兽焉，其状如犬，六足，其名曰从从，其鸣自詨。有鸟焉，其状如鸡而鼠毛，其名曰蚩鼠[①]，见则其邑大旱。沢水[②]出焉，而北流注于湖水。其中多箴鱼，其状如儵，其喙如箴，食之无疫疾。

【注释】

①蚩（zī）鼠：鸟名，传说中的生物。

② 沢（zhǐ）水：古代的水流名。

③儵（tiáo）：古同“鲦”。

【译文】

再往南三百里，有山名为栒状山，山上蕴藏着丰富的黄金和玉石，山下蕴藏着丰富的青石、碧玉。山中有一种野兽，外形如寻常的狗，却长着六只脚，名为从从，叫声就是自己名字的读音。山中还有一种鸟，外形类似鸡，却长着老鼠的毛，名为蚩鼠，它出现的地方就会发生大旱灾。沢水从此山发源，向北流入湖水。水中生活着许多的箴鱼，长得类似儵鱼，嘴巴像针，人吃了它的肉不会感染瘟疫。

勃垒山

【原文】

又南三百里，曰勃垒之山，无草木，无水。

【译文】

再往南三百里，有山名为勃垒山，山上既没有花草树木，也没有水。

番条山

【原文】

又南三百里，曰番条之山，无草木，多沙。减水出焉，北流注于海，其中多鳡鱼[①]。

【注释】

①鳡（gǎn）鱼：俗称竿鱼、水老虎、鳏鱼。身体细长，头尖长。

【译文】

再往南三百里，有山名为番条山，山上没有花草树木，有许多沙子。减水发源于此，向北流入大海，水中有很多鳡鱼。

姑兒山

【原文】

又南四百里，曰姑兒之山，其上多漆，其下多桑柘。姑兒之水出焉，北流注于海，其中多鱤鱼。

【译文】

再往南四百里，有山名为姑兒山，山上有许多漆树，山下有很多桑树和柘树。姑兒水从此山发源，向北流入大海，水中有很多鱤鱼。

高氏山

【原文】

又南四百里，曰高氏之山，其上多玉，其下多箴石。诸绳之水出焉，东流注于泽，其中多金玉。

【译文】

再往南四百里，有山名为高氏山，山上蕴藏着丰富的玉石，山下有许多的箴石。诸绳水从此山发源，向东流入湖泽，水中蕴藏着丰富的金属和玉石。

岳山

【原文】

又南三百里，曰岳山，其上多桑，其下多樗。泺水出焉，东流注于泽，其中多金玉。

【译文】

再往南三百里，有山名为岳山，山上有很多桑树，山下有很多臭椿树。泺水从此山发源，向东流入湖泽，水中蕴藏着丰富的金属和玉石。

犲山

【原文】

又南三百里，曰犲山，其上无草木，其下多水，其中多堪抒之鱼[①]。有兽焉，其状如夸父而彘毛，其音如呼，见则天下大水。

【注释】

①堪抒（xù）之鱼：古代传说中的一种鱼。

【译文】

再往南三百里，有山名为犲山，山上没有花草树木，山下到处是流水，水中生活着大量堪抒鱼。山中有一种野兽，样子类似猿猴却长着一身猪毛，叫声如同人在呼喊，它一出现，天下就会发生大水灾。

独山

【原文】

又南三百里，曰独山，其上多金玉，其下多美石。末涂之水出焉，而东南流注于沔，其中多偹蛹[①]，其状如黄蛇，鱼翼，出入有光，见则其邑大旱。

【注释】

①偹蛹（tiáo yóng）：鱼名。

【译文】

再往南三百里，有山名为独山，山上蕴藏着丰富的金属和玉石，山下有许多美丽的石头。末涂水从此山发源，然后向东南流入沔水，水中生活着大量鲦蛹鱼，外形类似黄蛇，却有鱼一样的鳍，出入水中时会发出光芒，这种鱼出现在哪里，哪里就会有大旱灾。

泰山

【原文】

又南三百里，曰泰山，其上多玉，其下多金。有兽焉，其状如豚而有珠，名曰狪狪[①]，其鸣自讠。环水出焉，东流注于汶，其中多水玉。

【注释】

①狪狪（tóng）：兽名。

【译文】

再往南三百里，有山名为泰山，山上蕴藏着丰富的玉石，山下蕴藏着丰富的黄金。山中有一种野兽，外形类似普通的猪，身体里有珠子，名为狪狪，叫声就是它名字的读音。环水从此山发源，向东流入汶水，水中蕴藏着丰富的水晶石。

竹山

【原文】

又南三百里，曰竹山，錞于汶，无草木，多瑶碧。激水出焉，而东南流注于娶檀之水，其中多茈蠃[①]。

【注释】

①茈蠃（zǐ luó）：“茈”通“紫”，“蠃”通“螺”，紫色的螺。

【译文】

再往南三百里，有山名为竹山，坐落于汶水边上，山上没有花草树木，蕴藏着丰富的瑶、碧一类的玉石。激水从竹山发源，然后向东南流入娶檀水，水中有很多紫色的螺。

东山经 总结

【原文】

凡东山之首，自樕𧍙之山以至于竹山，凡十二山，三千六百里。其神状皆人身龙首。祠：毛用一犬祈，衈用鱼。

【注释】

①衈（èr）：古代祭祀中，用血涂抹祭品，然后向神祈祷。

【译文】

纵观东方第一列山系的首尾，从樕𧍙山起到竹山为止，总共有十二座山，途经三千六百里。这些山系的山神都是人的身体、龙的脑袋。祭祀山神的方式是：用狗来作为祭品，祈祷的时候要用鱼取血涂祭。

东山二经

空桑山

【原文】

东次二山之首，曰空桑之山，北临食水，东望沮吴，南望沙陵，西望湣泽[①]。有兽焉，其状如牛而虎文，其音如钦，其名曰軨軨[②]，其鸣自叫，见则天下大水。

【注释】

①湣（mǐn）泽：湖泽名。

②軨軨（líng líng）：传说中的野兽。

【译文】

东方第二列山系的第一座山，名为空桑山，山北紧邻食水，从山上向东眺望可以看到沮吴山，向南可以看到沙丘，向西可以看到湣泽。山上有一种野兽，长得类似寻常的牛却有老虎的斑纹，叫声好像人的呻吟，其名为軨軨，叫声就是它名字的发音，它一出现，天下就会发生大水灾。

曹夕山

【原文】

又南六百里，曰曹夕之山，其下多榖而无水，多鸟兽。

【译文】

再往南六百里，有山名为曹夕山，山下有很多构树，没有流水，有很多飞禽走兽。

峄皋山

【原文】

又西南四百里，曰峄皋之山，其上多金玉，其下多白垩[①]。峄皋之水出焉，东流注于激女之水，其中多蜃珧[②]。

【注释】

①白垩：白土，石灰岩的一种，白色，质软而轻。

②蜃珧（shèn yáo）：蚌蛤之属。

【译文】

再往西南四百里，有山名为峄皋山，山上蕴藏着丰富的金属和玉石，山下有很多白土。峄皋水发源于此，向东流入激女水，水中有大量蚌蛤。

葛山之尾

【原文】

又南水行五百里，流沙三百里，至于葛山之尾，无草木，多砥砺。

【译文】

再往南走五百里水路，经过三百里流沙，便到了葛山的末端，这里没有花草树木，蕴藏着丰富的磨石。

葛山之首

【原文】

又南三百八十里，曰葛山之首，无草木。澧水出焉，东流注于余泽，其中多珠鳖鱼[1]，其状如肺而四目，六足有珠，其味酸甘，食之无疠。

【注释】

①珠鳖鱼：传说中的怪鱼。

【译文】

再往南三百八十里，是葛山的首端，山上没有花草树木。澧水从此发源，向东流入余泽，水中有很多珠鳖鱼，长得像人的肺，却有四只眼睛、六只脚，还会吐珠子，这种鱼的味道又酸又甜，吃了以后不会感染瘟疫。

馀峨山

【原文】

又南三百八十里，曰馀峨之山，其上多梓楠，其下多荆芑。杂余之水出焉，东流注于黄水。有兽焉，其状如菟而鸟喙，鸱目蛇尾，见人则眠，名曰犰狳[1]，其鸣自训，见则螽蝗[2]为败。

【注释】

①犰狳（qiú yú）：又称“铠鼠”。长爪，喜掘洞，好吃昆虫。

②螽蝗（zhōng huáng）：蝗虫。

【译文】

再往南三百八十里，有山名为馀峨山，山上有许多梓树和楠树，山下有许多牡荆树和枸杞树。杂余水发源于此，向东流入黄水。山中生活着一种野兽，样子类似寻常的兔子却长有鸟嘴，还有鹞鹰的眼睛和蛇的尾巴，一看见人就躺下装死，名为犰狳，叫声就是它的名字的读音，它一出现，就会有蝗灾。

杜父山

【原文】

又南三百里，曰杜父之山，无草木，多水。

【译文】

再往南三百里，有山名为杜父山，山上没有花草树木，到处都是流水。

耿山

【原文】

又南三百里，曰耿山，无草木，多水碧，多大蛇。有兽焉，其状如狐而鱼翼，其名曰朱獳，其鸣自讠，见则其国有恐。

【译文】

再往南三百里，有山名为耿山，山上没有花草树木，蕴藏着丰富的水晶石，有许多大蛇出没。山中生活着一种野兽，长得像狐狸，却长着鱼鳍，名为朱獳，叫声就是它名字的发音，它在哪个国家出现，哪个国家就会发生恐怖的事。

卢其山

【原文】

又南三百里，曰卢其之山，无草木，多沙石。沙水出焉，南流注于涔水。其中多鵹鹕[1]，其状如鸳鸯而人足，其鸣自训，见则其国多土功。

【注释】

①鵹鹕（lí hú）：水鸟，即鹈鹕。

【译文】

再往南三百里，有山名为卢其山，山上没有花草树木，蕴藏着丰富的沙石。沙水发源于此，向南流入涔水。水中生活着大量鹈鹕，长得很像鸳鸯，却有跟人差不多的脚，叫声就是它的名字的发音，这种鸟出现在哪个国家，哪个国家就会大兴土木。

姑射山

【原文】

又南三百八十里，曰姑射之山，无草木，多水。

【译文】

再往南三百八十里，有山名为姑射山，山上没有花草树木，遍布流水。

北姑射山

【原文】

又南水行三百里，流沙百里，曰北姑射之山，无草木，多石。

【译文】

再往南走三百里水路，途径一百里流沙地，有山名为北姑射山，山上没有花草树木，有很多石头。

南姑射山

【原文】

又南三百里，曰南姑射之山，无草木，多水。

【译文】

再往南三百里，有山名为南姑射山，山上没有花草树木，遍布流水。

碧山

【原文】

又南三百里，曰碧山，无草木，多大蛇，多碧、水玉。

【译文】

再往南三百里，有山名为碧山，山上没有花草树木，有很多大蛇出没，山上蕴藏着丰富的碧玉、水晶石。

缑氏山

【原文】

又南五百里，曰缑氏之山，无草木，多金玉。原水出焉，东流注于沙泽。

【译文】

再往南五百里，有山名为缑氏山，山上没有花草树木，蕴藏着丰富的金属和玉石。原水发源于此，向东流入沙泽。

姑逢山

【原文】

又南三百里，曰姑逢之山，无草木，多金玉。有兽焉，其状如狐而有翼，其音如鸿雁，其名曰獙獙[①]，见则天下大旱。

【注释】

①獙獙（bì）：传说中的野兽，长得像有翅膀的狐狸。

【译文】

再往南三百里，有山名为姑逢山，山上没有花草树木，蕴藏着丰富的金属和玉石。山中有一种野兽，长得类似寻常的狐狸却有翅膀，叫声就像大雁鸣叫，名为獙獙，它一出现，天下就会发生大旱灾。

凫丽山

【原文】

又南五百里，曰凫丽之山[①]，其上多金玉，其下多箴石。有兽焉，其状如狐，而九尾、九首、虎爪，名曰蠪蛭[②]，其音如婴儿，是食人。

【注释】

①凫（fú）丽之山：山名。

②蛮蛭（lóng zhì）：也写作“蛮蚳”，传说中的野兽。

【译文】

再往南五百里，有山名为凫丽山，山上蕴藏着丰富的金属和玉石，山下蕴藏着丰富的箴石。山中有一种野兽，长得类似寻常的狐狸，却有九条尾巴、九个脑袋，以及老虎一样的爪子，名为蛮蛭，叫声如同婴儿啼哭，会吃人。

硬山

【原文】

又南五百里，曰硬山[①]，南临硬水，东望湖泽。有兽焉，其状如马而羊目、四角、牛尾，其音如嗥狗，其名曰峳峳[②]，见则其国多狡客。有鸟焉，其状如凫[③]而鼠尾，善登木，其名曰絜钩，见则其国多疫。

【注释】

①硬（zhēn）山：山名。

②峳峳（yóu）：传说中的野兽。

③凫（fú）：水鸟，即野鸭子。

【译文】

再往南五百里，有山名为硬山，南面临近硬水，从山上向东可以望见湖泽。山中有一种野兽，外形类似马，有羊一样的眼睛、四只角，以及牛一样的尾巴，叫声似狗吠，其名为峳峳，它出现在哪个国家，哪个国家就会有许多狡诈之士。山中还有一种鸟类，长得像野鸭子，却有老鼠的尾巴，擅长爬树，其名为絜钩，它出现在哪个国家，哪个国家就会频繁发生瘟疫。

东次二经 总结

【原文】

凡东次二山之首，自空桑之山至于硜山，凡十七山，六千六百四十里。其神状皆兽身人面载觡①。其祠：毛用一鸡祈，婴②用一璧瘞。

【注释】

①觡（gé）：麋、鹿之类动物头上的骨角。

②婴：这里的婴不是婴儿，是一种祭祀用的玉器。

【译文】

纵观东方第二列山系，从空桑山开始到硜山为止，总共十七座山，途经六千六百四十里。这些山的山神都是动物的身体、人的面孔，头上戴着骨角。祭祀这些山神的方式是：带毛动物中选取一只鸡来作为祭品，祭祀用的玉器是一块玉璧，最后一起埋入地底。

东次三经

尸胡山

【原文】

东次三山之首，曰尸胡之山，北望殚山[①]，其上多金玉，其下多棘。有兽焉，其状如麋而鱼目，名曰妴胡，其鸣自讠。

【注释】

①殚（xiáng）山：山名。

【译文】

东方第三列山系的第一座山，名为尸胡山，从山上向北眺望可以看到殚山，山上蕴藏着丰富的金属和玉石，山下有茂密的酸枣树。山中有一种野兽，身形像麋鹿却长着鱼一样的眼睛，名为妴胡，它发出的叫声便是自身名称的读音。

岐山

【原文】

又南水行八百里，曰岐山，其木多桃李，其兽多虎。

【译文】

再往南走八百里水路，有山名为岐山，山中的树木以桃树和李树居多，山中的野兽以老虎居多。

诸钩山

【原文】

又南水行五百里，曰诸钩之山，无草木，多沙石。是山也，广员百里，多寐鱼。

【译文】

再往南走五百里水路，有山名为诸钩山，山上没有花草树木，有很多沙石。这座山方圆有一百里，附近的水里生活着很多寐鱼。

中父山

【原文】

又南水行七百里，曰中父之山，无草木，多沙。

【译文】

再往南走七百里水路，有山名为中父山，山上没有花草树木，有很多沙子。

胡射山

【原文】

又东水行千里，曰胡射之山，无草木，多沙石。

【译文】

再往东走一千里水路，有山名为胡射山，山上没有花草树木，有很多沙石。

孟子山

【原文】

又南水行七百里，曰孟子之山，其木多梓桐，多桃李。其草多菌蒲，其兽多麋鹿。是山也，广员百里。其上有水出焉，名曰碧阳，其中多鳣鲔。

【译文】

再往南走七百里水路，有山名为孟子山，山中的树木以梓树和桐树居多，还生长着茂密的桃树和李树。山中的草以菌、蒲居多，山中的野兽大多是麋鹿。此山方圆有一百里。有条河从山上流出，名为碧阳，水中有很多鳣鱼和鲔鱼。

跂踵山

【原文】

又南水行五百里，流沙五百里，有山焉，曰跂踵之山，广员二百里，无草木，有大蛇，其上多玉。有水焉，广员四十里，皆涌，其名曰深泽，其中多蠵龟。有鱼焉，其状如鲤，而六足鸟尾，名曰鮯鮯之鱼，其鸣自训。

【译文】

再往南走五百里水路，经过五百里流沙，有一座山，叫作跂踵山，方圆有二百里，山上没有花草树木，有大蛇，山上蕴藏着丰富的玉石。这里有一片水潭，方圆四十里，整个水面都在翻涌，名为深泽，水中有很多蠵龟。水中还有一种鱼，外形类似寻常的鲤鱼，却有六只脚和鸟一样的尾巴，名为鮯鮯鱼，发出的叫声便是它自身名称的读音。

踇隅山

【原文】

又南水行九百里，曰踇隅之山①，其上多草木，多金玉，多赭。有兽焉，其状如牛而马尾，名曰精精，其鸣自训。

【注释】

①踇隅（mǔ yǔ）之山：古山名。

【译文】

再往南走九百里水路，有山名为踇隅山，山上有繁盛的花草树木，蕴藏着丰富的金属和玉石，还蕴藏着许多赭石。山中有一种野兽，长得类似寻常的牛却长着马一样的尾巴，名为精精，叫声就是它名字的发音。

无皋山

【原文】

又南水行五百里，流沙三百里，至于无皋之山，南望幼海，东望榑木，无草木，多风。是山也，广员百里。

【译文】

再往南走五百里水路，再途经三百里流沙，便到了无皋山，从山上向南可以望见幼海，向东可以望见榑木，山上没有花草树木，经常刮大风。此山，方圆有一百里。

东次三经 总结

【原文】

凡东次三山之首，自尸胡之山至于无皋之山，凡九山，六千九百里。其神状皆人身而羊角。其祠：用一牡羊，糈用黍。是神也，见则风雨水为败。

【译文】

纵观东方第三列山系的首尾，从尸胡山开始到无皋山为止，共有九座山，途径六千九百里。这些山的山神样貌都是人的身体，头上有羊角。祭祀这些山神的方式如下：选取一只公羊来作为祭品，祀神的精米用黄米。这些山神一出现，就会伴随着大风、大雨，往往暴发洪水损坏庄稼。

东次四经

北号山

【原文】

东次四山之首，曰北号之山，临于北海。有木焉，其状如杨，赤华，其实如枣而无核，其味酸甘，食之不疟。食水出焉，而东北流注于海。有兽焉，其状如狼，赤首鼠目，其音如豚，名曰獦狚，是食人。有鸟焉，其状如鸡而白首，鼠足而虎爪，其名曰鬿雀，亦食人。

【译文】

东方第四列山系的第一座山，名为北号山，屹立在北海边上。山中有一种树木，外形像普通的杨树，开红色的花，果实类似枣子，不过没有核，味道酸中带甜，吃了它就能使人不患疟疾。食水发源于此，然后向东北流入大海。山中有一种野兽，外形像狼，长着红色的脑袋和老鼠一样的眼睛，发出的声音如同小猪叫，名为獦狚，会吃人。山中还有一种鸟，外形像普通的鸡却长着白色的脑袋、老鼠一样的脚和老虎一样的爪子，名为鬿雀，也会吃人。

旄山

【原文】

又南三百里，曰旄山，无草木。苍体之水出焉，而西流注于展水。其中多鱃鱼，其状如鲤而大首，食者不疣。

【译文】

再往南三百里，有山名为旄山，山上没有花草树木。苍体水发源于此，然后向西流入展水。水中有很多鱃鱼，外形像鲤鱼，头非常大，吃了这种鱼的肉就能使人的皮肤上不生瘊子。

东始山

【原文】

又南三百二十里，曰东始之山，上多苍玉。有木焉，其状如杨而赤理，其汁如血，不实，其名曰芑[1]，可以服马。泚水出焉，而东北流注于海，其中多美贝，多茈鱼，其状如鲋，一首而十身，其臭如蘪芜，食之不糟[2]。

【注释】

①芑：通“杞”。

②糟（pì）：同“屁”。

【译文】

再往南三百二十里，有山名为东始山，山上蕴藏着丰富的苍玉。山中有一种树木，外形类似寻常的杨树却有红色的纹理，树干中的汁液如血，不会结果，名为芑，把此树的汁涂在马身上，能够驯服马匹。泚水发源于此，然后向东北流入大海，水中有许多美丽的贝，还有很多茈鱼，外形类似寻常的鲫鱼，却长着一个脑袋、十个身体，它的气味很像蘼芜草，人吃了这种鱼就可以不放屁。

女烝山

【原文】

又东南三百里，曰女烝之山，其上无草木。石膏水出焉，而西注于鬲水，其中多薄鱼，其状如鳣鱼而一目，其音如欧，见则天下大旱。

【译文】

再往东南三百里，有山名为女烝山，山上没有花草树木。石膏水发源于此，然后向西流入鬲水，水中有很多薄鱼，外形类似寻常的鳝鱼却只长着一只眼睛，发出的声音如同人在呕吐，它一出现，天下就会发生大旱灾。

钦山

【原文】

又东南二百里，曰钦山，多金玉而无石。师水出焉，而北流注于皋泽，其中多鱃鱼[①]，多文贝。有兽焉，其状如豚而有牙，其名曰当康，其鸣自叫，见则天下大穰。

【注释】

①鱃（qiū）鱼：据说是泥鳅。

【译文】

再往东南二百里，有山名为钦山，山中蕴藏着丰富的金属和玉石，却没有石头。师水发源于此，然后向北流入皋泽，水中有很多泥鳅，还有很多色彩斑斓的贝壳。山中有一种野兽，外形像小猪却长着大獠牙，名为当康，它的叫声就是自身名称的读音，它一出现就预示着天下要大丰收。

子桐山

【原文】

又东南二百里，曰子桐之山，子桐之水出焉，而西流注于馀如之泽。其中多鰨鱼①，其状如鱼而鸟翼，出入有光，其音如鸳鸯，见则天下大旱。

【注释】

①鰨（huá）鱼：传说中的一种鱼。

【译文】

再往东南二百里，有山名为子桐山，子桐水发源于此，然后向西流入馀如泽。水中有很多鰨鱼，外形与普通的鱼相似却长着鸟的翅膀，出入水中时闪闪发光，发出的声音如同鸳鸯鸣叫，一出现，天下就会发生大旱灾。

剡山

【原文】

又东北二百里，曰剡山，多金玉。有兽焉，其状如彘而人面，黄身而赤尾，其名曰合窳①，其音如婴儿。是兽也，食人，亦食虫蛇，见则天下大水。

【注释】

①合窳（yǔ）：传说中的野兽，会吃人。

【译文】

再往东北二百里，有山名为剡山，山上蕴藏着丰富的金属和玉石。

山中有一种野兽，外形像猪，长着人的面孔，黄色的身体上长着红色的尾巴，名为合窳，叫声如同婴儿啼哭。这种野兽会吃人，也吃虫蛇，它一出现，天下就会发生大水灾。

太山

【原文】

又东二百里，曰太山，上多金玉、桢木。有兽焉，其状如牛而白首，一目而蛇尾，其名曰蜚①，行水则竭，行草则死，见则天下大疫。钩水出焉，而北流注于劳水，其中多鱃鱼。

【注释】

①蜚（fěi）：传说中的野兽。

【译文】

再往东二百里，有山名为太山，山上蕴藏着丰富的金属和玉石，还有茂密的女桢树。山中有一种野兽，外形类似寻常的牛却有白色的脑袋，长着一只眼睛和蛇一样的尾巴，名为蜚，它路过有水的地方，水就会干涸，路过有草的地方，草就会枯死，它一出现，天下就会发生大瘟疫。钩水发源于此，然后向北流入劳水，水中有很多鱃鱼。

东次四经 总结

【原文】

凡东次四山之首，自北号之山至于太山，凡八山，一千七百二十里。

右东经之山，凡四十六山，万八千八百六十里。

【译文】

纵观东方第四列山系的首尾，从北号山开始到太山为止，总共有八座山，途经一千七百二十里。

以上所述即东方诸山的记录，共四十六座山，途经一万八千八百六十里。

中山经

中山经

薄山、甘枣山

【原文】

中山薄山之首，曰甘枣之山，共水出焉，而西流注于河。其上多杻木。其下有草焉，葵本而杏叶，黄华而荚实，名曰箨①，可以已瞢②。有兽焉，其状如䖿鼠③而文题，其名曰𪊽④，食之已瘿⑤。

【注释】

①箨（tuò）：草名。

②瞢（méng）：眼睛看不清东西。

③䖿（huǐ）鼠：具体是什么不详。不过䖿是中国古代传说中的一种毒蛇，䖿鼠可能是像蛇又像老鼠的生物。

④𪊽（nuó）：传说中的一种野兽。

⑤瘿（yǐng）：中医指多因郁怒忧思过度，气郁痰凝血瘀结于颈部，形成肿块。

【译文】

中央山系的第一列山系是薄山山系，其中的第一座山，名为甘枣山。共水从甘枣山发源，然后向西注入黄河。山上有很多杻树。山下有一种草，有着葵菜一样的茎杆、杏树一样的叶子、黄色的花朵和带着荚的果实，其名为箨，可以治疗人的眼睛看不清楚东西。山中有一种野兽，长得类似䖿鼠，额头上有纹路，名为𪊽，人吃了它的肉可以治愈脖子上瘀结的肿块。

历兒山

【原文】

又东二十里，曰历兒之山，其上多橿，多枥木，是木也，方茎而员叶，黄华而毛，其实如楝[①]，服之不忘。

【注释】

①楝：一种落叶乔木，果子比较苦。

【译文】

再往东二十里，有山名为历皃山，山上有很多橿树和枥树，枥树有方方的茎杆和圆圆的叶子，黄色的花朵上还有着绒毛，它的果实像楝树的果子，吃了之后可以让人的记忆力变好，不会忘事。

渠猪山

【原文】

又东十五里，曰渠猪之山，其上多竹。渠猪之水出焉，而南流注于河。其中是多豪鱼，状如鲔，而赤喙赤尾赤羽，可以已白癣。

【译文】

再往东十五里，有山名为渠猪山，山上有很多竹子。渠猪水从这里发源，然后向南注入黄河。水中有许多豪鱼，长得类似普通的鲔鱼，却有红色的嘴巴和红色的尾巴，尾巴上还有红色的羽毛，人吃了这种鱼可以治愈白癣。

葱聋山

【原文】

又东三十五里，曰葱聋之山，其中多大谷，是多白垩，黑、青、黄垩。

【译文】

再往东三十五里，有山名为葱聋山，山中到处是深长的峡谷，蕴藏着丰富的白垩土，以及黑垩土、青垩土、黄垩土。

淒山

【原文】

又东十五里，曰淒山，其上多赤铜，其阴多铁。

【译文】

再往东十五里，有山名为淒山，山上蕴藏着丰富的赤铜，山的北面蕴藏着丰富的铁。

脱扈山

【原文】

又东七十里，曰脱扈之山，有草焉，其状如葵叶而赤华，荚实，实如棕荚，名曰植楮，可以已癙①，食之不眯②。

【注释】

①癙（shǔ）：即瘘管，人或动物由于外伤、脓肿引起的疾病。

②眯：这里指梦魇。

【译文】

再往东七十里，有山名为脱扈山，山中有一种草，外形像葵菜的叶子却开红色的花，结的果实有荚，果实的荚像棕树的果荚，名为植楮，可以用它治愈瘘管病，而服食它能使人不做噩梦。

金星山

【原文】

又东二十里，曰金星之山，多天婴[①]，其状如龙骨，可以已痤[②]。

【注释】

①天婴：植物名，可以制药。

②痤：痤疮，一种皮肤病。

【译文】

再往东二十里，有山名为金星山，山中有很多天婴，外形如同龙骨，可以用来治疗痤疮。

泰威山

【原文】

又东七十里，曰泰威之山，其中有谷，曰枭谷，其中多铁。

【译文】

再往东七十里，有山名为泰威山，山中有一个山谷，名为枭谷，其中蕴藏着丰富的铁。

橿谷山

【原文】

又东十五里，曰橿谷之山，其中多赤铜。

【译文】

再往东十五里，有山名为橿谷山，山中蕴藏着丰富的赤铜。

吴林山

【原文】

又东百二十里，曰吴林之山，其中多葌草[1]。

【注释】

①葌（jiān）草：兰草。

【译文】

再往东一百二十里，有山名为吴林山，山中生长着茂密的兰草。

牛首山

【原文】

又北三十里，曰牛首之山，有草焉，名曰鬼草，其叶如葵而赤茎，其秀如禾，服之不忧。劳水出焉，而西流注于潏水[1]。是多飞鱼，其状如鲋鱼，食之已痔衕[2]。

【注释】

①潏（jué）水：水名。

②痔衕（zhì dòng）：痔疮。

【译文】

再往北三十里，有山名为牛首山，山中有一种草，名为鬼草，叶子像葵菜叶，茎杆是红色的，开的花像禾苗吐出来的穗，吃了这种草会让人忘掉忧愁。劳水从这座山发源，然后向西流入潏水。水中有很多飞鱼，长得类似普通的鲫鱼，吃了这种鱼可以治愈痔疮。

霍山

【原文】

又北四十里，曰霍山，其木多榖。有兽焉，其状如狸，而白尾有鬣，名曰朏朏[1]，养之可以已忧。

【注释】

①朏朏（fěi fěi）：传说中的野兽。

【译文】

再往北四十里，有山名为霍山，山上有很多构树。山中有一种野兽，长得类似普通的野猫，却长着白色的尾巴，脖子上有鬃毛，名为朏朏，人饲养它就可以消除忧愁。

合谷山

【原文】

又北五十二里，曰合谷之山，是多薝棘[1]。

【注释】

①蒼棘（zhān jí）：植物名，类似有刺的芒草。

【译文】

再往北五十二里，有山名为合谷山，山上有很多蒼棘。

阴山

【原文】

又北三十五里，曰阴山，多砺石、文石。少水出焉，其中多雕棠，其叶如榆叶而方，其实如赤菽[①]，食之已聋。

【注释】

①赤菽（chì shū）：红色小豆，别名赤豆、红饭豆。

【译文】

再往北三十五里，有山名为阴山，山上有许多砺石和五彩斑斓的石头。少水从这座山发源，山中有许多雕棠树，它的叶子类似榆树叶，却是四方形的，它的果实像红豆，人吃了这种果实能治愈耳聋。

鼓镫山

【原文】

又东北四百里，曰鼓镫之山，多赤铜。有草焉，名曰荣草，其叶如柳，其本如鸡卵，食之已风。

【译文】

再往东四百里，有山名为鼓镫山，山里蕴藏着丰富的赤铜。山中有一种草，名为荣草，叶子像柳树叶，根茎像鸡蛋，人吃了它就能治愈风痹病。

中山经 总结

【原文】

凡薄山之首，自甘枣之山至于鼓镫之山，凡十五山，六千六百七十里。历兒，冢①也。其祠礼：毛，太牢之具；县②婴以吉玉。其余十三山者，毛用一羊，县婴用藻珪，瘗而不糈。藻珪者，藻玉也，方其下而锐其上，而中穿之加金。

【注释】

①冢：这里是统领、主君的意思。

②县：通“悬”。

【译文】

纵观薄山山系的首尾，从甘枣山开始到鼓镫山为止，总共有十五座山，途经六千六百七十里。历兒山是众山的主君，历兒山山神的祭祀方式是：在有毛的生物中，选取猪、牛、羊齐全的三牲作为祭品；再挂上吉玉。其余十三座山山神的祭祀方式，是在有毛的生物中选取一只羊，悬挂的玉器选用藻珪，祭礼结束之后一起埋入地下，不用精米祭祀。藻珪，就是藻玉，下端长方形，上端有尖角，中间穿孔并用金属装饰。

中次二经

煇诸山

【原文】

中次二山济山之首，曰煇诸之山，其上多桑，其兽多闾麋[①]，其鸟多鹖[②]。

【注释】

①闾麋：闾和麋鹿。闾是一种长得像驴、长着羚羊角的动物。

②鹖（hé）：一种长得像野鸡、天性好斗的鸟。

【译文】

中央第二列山系是济山山系，它的第一座山为煇诸山，山上有许多桑树，山中的野兽以闾和麋鹿居多，鸟类以鹖鸟居多。

发视山

【原文】

又西南二百里，曰发视之山，其上多金玉，其下多砥砺。即鱼之水出焉，而西流注于伊水。

【译文】

再往西南二百里，有山名为发视山，山上蕴藏着丰富的金属和玉石，山下蕴藏着丰富的磨石。即鱼水从这座山发源，然后向西流入伊水。

豪山

【原文】

又西三百里，曰豪山，其上多金玉而无草木。

【译文】

再往西三百里，有山名为豪山，山上蕴藏着丰富的金属和玉石，然而没有花草树木。

鲜山

【原文】

又西三百里，曰鲜山，多金玉，无草木。鲜水出焉，而北流注于伊水。其中多鸣蛇，其状如蛇而四翼，其音如磬，见则其邑大旱。

【译文】

再往西三百里，有山名为鲜山，山上蕴藏着丰富的金属和玉石，但没有花草树木。鲜水从这座山发源，然后向北流入伊水。水中有很多鸣蛇，长得类似普通的蛇却有四只翅膀，叫声如同敲磬发出的声音，鸣蛇出现的地方就会发生大旱灾。

阳山

【原文】

又西三百里，曰阳山，多石，无草木。阳水出焉，而北流注于伊水。其中多化蛇，其状如人面而豺身，鸟翼而蛇行，其音如叱呼，

鸣蛇

见则其邑大水。

【译文】

再往西三百里，有山名为阳山，山上有很多石头，没有花草树木。阳水从这座山发源，然后向北流入伊水。水中有许多化蛇，它们有着人的面孔、豺的身体、鸟的翅膀，却像蛇一样爬行，发出的声音像是人在叱骂，化蛇出现的地方会发生大水灾。

昆吾山

【原文】

又西二百里，曰昆吾之山，其上多赤铜。有兽焉，其状如彘而有角，其音如号，名曰蠪蚔[①]，食之不眯。

【注释】

①蠪蚔（lóng zhì）：传说中的一种野兽。

【译文】

再往西二百里，有山名为昆吾山，山上蕴藏着丰富的赤铜。山中有一种野兽，长得类似普通的猪，头上却长着角，发出的叫声就像人在大哭，名为蠪蚔，人如果吃了它的肉就不会做噩梦。

葌山

【原文】

又西百二十里，曰葌山[①]，葌水出焉，而北流注于伊水，其上多金玉，其下多青、雄黄。有木焉，其状如棠而赤叶，名曰芒草，可以毒鱼。

【注释】

①葌（jiān）山：山名，在如今的河南栾川县。

【译文】

再往西一百二十里，有山名为葌山，葌水从这座山发源，然后向北流入伊水。山上蕴藏着丰富的金属和玉石，山下蕴藏着丰富的石青、雄黄。山中有一种树，长得类似棠梨树，而叶子是红色的，名为芒草，能够毒死鱼。

独苏山

【原文】

又西一百五十里，曰独苏之山，无草木而多水。

【译文】

再往西一百五十里，有山名为独苏山，山上没有花草树木，有很多流水。

蔓渠山

【原文】

又西二百里，曰蔓渠之山，其上多金玉，其下多竹箭。伊水出焉，而东流注于洛。有兽焉，其名曰马腹，其状如人而虎身，其音如婴儿，

马腹

是食人。

【译文】

再往西二百里，有山名为蔓渠山，山上蕴藏着丰富的金属和玉石，山下有很多小竹丛。伊水从这座山发源，然后向东流入洛水。山中有一种野兽，名为马腹，有着人的面孔、老虎的身体，叫声就像婴儿啼哭，会吃人。

中次二经 总结

【原文】

凡济山之首，自辉诸之山至于蔓渠之山，凡九山，一千六百七十里。其神皆人面而鸟身。祠用毛，用一吉玉，投而不糈。

【译文】

纵观济山山系首尾，从辉诸山开始到蔓渠山为止，总共有九座山，途经一千六百七十里。诸山山神都长着人的脸孔、鸟的身体。祭祀山神的方式是：用有毛的生物作为祭品，以及一块吉玉，一起投进山谷，祭祀时不用精米。

中次三经

萯山、敖岸山

【原文】

中次三山萯山[①]之首，曰敖岸之山，其阳多㻬琈[②]之玉，其阴多赭、黄金。神熏池[③]居之。是常出美玉。北望河林，其状如茜如举。有兽焉，其状如白鹿而四角，名曰夫诸，见则其邑大水。

【注释】

①萯（bèi）山：传说中的古山名。

②㻬琈（tū fú）：传说中的一种美玉。

③熏池：黄帝麾下的三大神之一。

【译文】

中央第三列山系的萯山山系的第一座山，名为敖岸山，这座山的南面蕴藏着丰富的㻬琈玉，山的北面缊藏着丰富的赭石、黄金。天神熏池住在这里。这座山还蕴藏着各类美玉。从山上向北眺望可以看到黄河与森林，看上去就像茜草和榉柳。山中有一种野兽，长得类似普通的白鹿，却长着四只角，名为夫诸，夫诸出现的地方就会发生大水灾。

青要山

【原文】

又东十里，曰青要之山，实惟帝之密都[①]。是多驾鸟[②]。南望墠渚[③]，禹父[④]之所化。是多仆累、蒲卢[⑤]。魋武罗[⑥]司之，其状人面而豹文，小要而白齿，而穿耳以鐻[⑦]，其鸣如鸣玉。是山也，宜

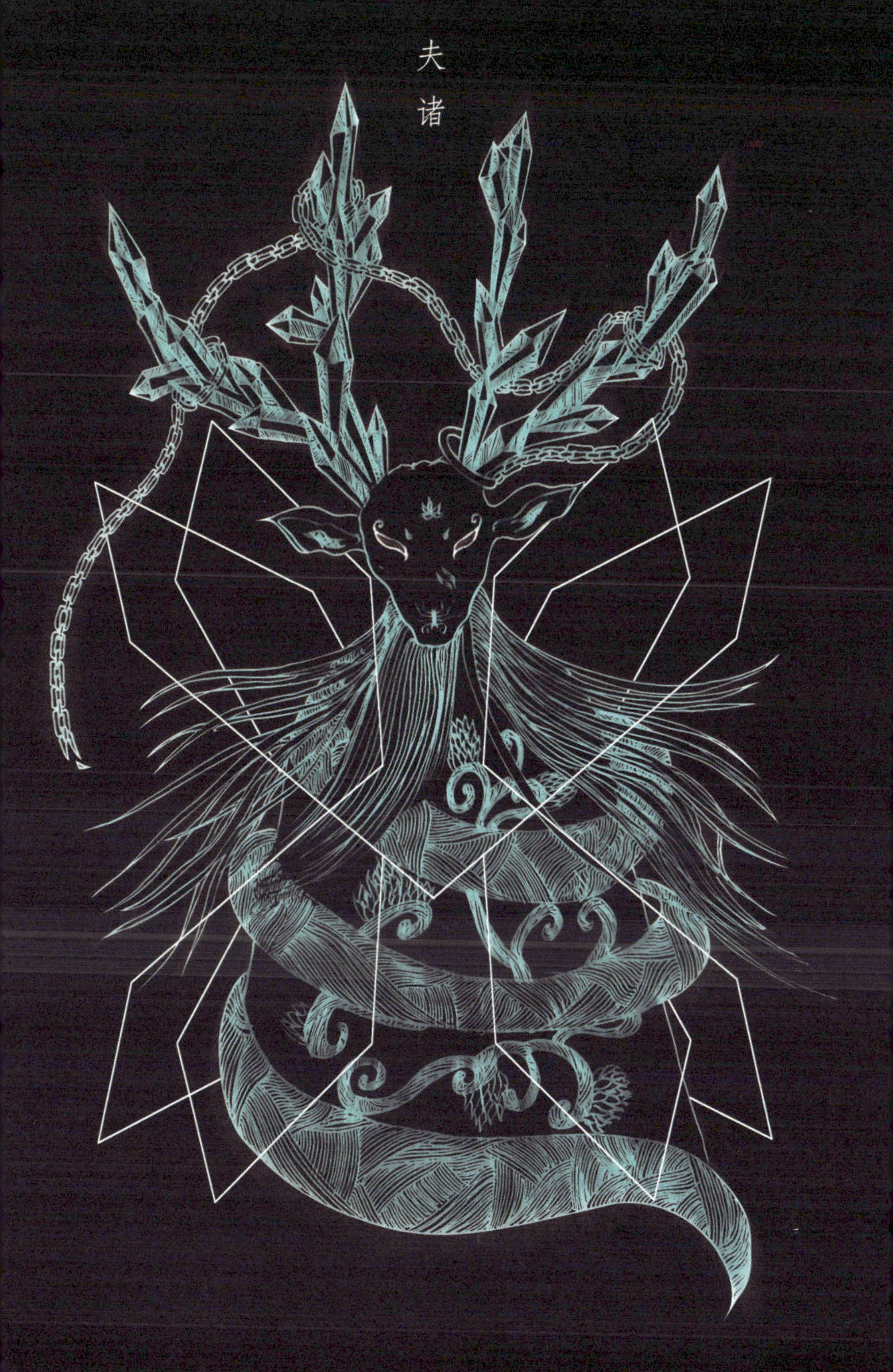
夫诸

女子。畛水出焉，而北流注于河。其中有鸟焉，名曰鴢[8]，其状如凫，青身而朱目赤尾，食之宜子。有草焉，其状如葌，而方茎、黄华、赤实，其本如藁本[9]，名曰荀草，服之美人色。

【注释】

①密都：隐秘的都邑。

②驾鸟：野鹅。

③墠渚（shàn zhǔ）：地名。

④禹父：大禹的父亲，即鲧。

⑤仆累、蒲卢：都是软体动物。仆累即蜗牛，蒲卢类似蛤、蚌之类。

⑥䰠（shén）武罗：鬼界的神灵、鬼神。

⑦鐻（qú）：本指古代一种乐器，这里指金银制作的耳环。

⑧鴢（yǎo）：类似鱼鹰的一种鸟。

⑨藁（gǎo）本：一种香草，可入药。

【译文】

再往东十里，有山名为青要山，实际上是天帝的密都。这里有许多野鹅。从青要山向南可以望见墠渚，那里是大禹的父亲鲧死后化身成黄熊的地方。这个地方有许多的蜗牛、蒲卢。鬼神武罗掌管着这里，这位神长着人的面孔，浑身长着豹子的斑纹，腰很细，牙齿很白，耳朵上穿孔挂着金银耳环，发出的声音如同玉石撞击的声音。这座山很适合女性居住。畛水从这座山发源，然后向北流入黄河。山中有一种鸟，名为鴢，长得类似野鸭，身体是青色的，眼睛是浅红色的，尾巴是红色的，人吃了这种鸟的肉会多子多孙。山中有一种草，类似兰草，有四方形的茎杆和黄色的花朵，结红色的果实，它的根部像藁本的根，这种草名为荀草，人吃了这种草，可以让气色变好。

騩山

【原文】

又东十里，曰騩山，其上有美枣，其阴有㻬琈之玉。正回之水出焉，而北流注于河。其中多飞鱼，其状如豚而赤文，服之不畏雷，可以御兵。

【译文】

再往东十里，有山名为騩山，山上有味道甜美的枣子，山的北面蕴藏着丰富的㻬琈玉。正回水从这座山发源，然后向北流入黄河。水中有许多飞鱼，长得类似小猪，浑身都是红色的斑纹，人吃了飞鱼的肉就不会害怕打雷，还能够免于兵灾。

宜苏山

【原文】

又东四十里，曰宜苏之山，其上多金玉，其下多蔓居之木。滽滽之水出焉，而北流注于河，是多黄贝。

【译文】

再往东四十里，有山名为宜苏山，山上蕴藏着丰富的金属和玉石，山下有繁茂的蔓荆。滽滽水从这座山发源，然后向北流入黄河，水中有很多黄色的贝壳。

和山

【原文】

又东二十里，曰和山，其上无草木而多瑶碧，实惟河之九都。是山也五曲，九水出焉，合而北流注于河，其中多苍玉。吉神泰逢司之，其状如人而虎尾，是好居于萯山之阳，出入有光。泰逢神动天地气也。

【译文】

再往东二十里，有山名为和山，山上没有花草树木，然而蕴藏着丰富的瑶、碧等美玉，这里实际上是黄河的九条水源所交汇的地方。这座山盘旋了五层，有九条水系从这里发源，汇合之后向北流入黄河，水中蕴藏着丰富的苍玉。吉神泰逢主管这座山，他长得像人，却有老虎一样的尾巴，喜欢住在萯山的南面，出入时都有光芒。泰逢神可以引动天地之间的气流，兴起风云。

中次三经 总结

【原文】

凡萯山之首，自敖岸之山至于和山，凡五山，四百四十里。其祠：泰逢、熏池、武罗皆一牡羊副，婴用吉玉。其二神用一雄鸡瘗之，糈用稌。

【译文】

纵观萯山山系的首尾，从敖岸山开始到和山为止，一共有五座山，途经四百四十里。祭祀的方式如下：泰逢、熏池、武罗三位神都是剖开一只公羊来祭祀，祭祀的玉器要用吉玉。其他两座山的山神是将一只公鸡献祭后埋入地下。祀神的米用稻米。

中次四经

釐山、鹿蹄山

【原文】

中次四山釐山之首，曰鹿蹄之山，其上多玉，其下多金。甘水出焉，而北流注于洛，其中多泠石①。

【注释】

①泠（gàn）石：一种非常柔软的石头。

【译文】

中央第四列山系釐山山系的第一座山，名为鹿蹄山，山上蕴藏着丰富的玉石，山下蕴藏着丰富的金属。甘水从这座山发源，然后向北流入洛水，水中有很多泠石。

扶猪山

【原文】

西五十里，曰扶猪之山，其上多瑌石①。有兽焉，其状如貉而人目，其名曰麐②。虢水出焉，而北流注于洛，其中多瑌石。

【注释】

①瑌（ruǎn）石：质地次于玉的一种美丽石头。

②麐（yín）：传说中的野兽。

【译文】

再往西五十里，有山名为扶猪山，山上有很多瑌石。山中有一种野兽，长得类似貉，却有人一样的眼睛，名为麐。虢水从这座山发源，然后向北流入洛水，水中有很多瓀石。

鳌山

【原文】

又西一百二十里，曰鳌山，其阳多玉，其阴多蒐[①]。有兽焉，其状如牛，苍身，其音如婴儿，是食人，其名曰犀渠。滽滽之水出焉，而南流注于伊水。有兽焉，名曰獥[②]，其状如獳犬[③]而有鳞，其毛如彘鬣。

【注释】

①蒐（sōu）：茜草，可做染料，也可以入药。

②獥（jié）：獭，一种哺乳动物，常栖息在水边，善游泳，皮毛可制成衣物。

③獳（nòu）犬：发怒的狗。

【译文】

再往西一百二十里，有山名为鳌山，山南面蕴藏着丰富的玉石，山北面有繁茂的茜草。山中有一种野兽，长得类似普通的牛，全身都是青黑色的，叫声如同婴儿啼哭，会吃人，名为犀渠。滽滽水从这座山发源，然后向南流入伊水。这里还有一种野兽，名为獥，长得类似发怒的狗，全身都有鳞片，长在鳞片之间的毛就好像猪的鬣毛。

箕尾山

【原文】

又西二百里，曰箕尾之山，多穀，多涂石，其上多㻬琈之玉。

【译文】

再往西二百里，有山名为箕尾山，山上有许多构树，还有很多涂石，山上蕴藏着丰富的㻬琈美玉。

柄山

【原文】

又西二百五十里，曰柄山，其上多玉，其下多铜。滔雕之水出焉，而北流注于洛。其中多羬羊。有木焉，其状如樗，其叶如桐而荚实，其名曰茇，可以毒鱼。

【译文】

再往西二百五十里，有山名为柄山，山上蕴藏着丰富的玉石，山下蕴藏着丰富的铜。滔雕水从这座山发源，然后向北流入洛水。山中有许多羬羊。山中有一种树，长得类似臭椿树，它的叶子像梧桐的叶子，而它的果实带着荚，名为茇，会毒死鱼。

白边山

【原文】

又西二百里，曰白边之山，其上多金玉，其下多青、雄黄。

【译文】

再往西二百里，有山名为白边山，山上蕴藏着丰富的金属和玉石，山下蕴藏着丰富的石青、雄黄。

熊耳山

【原文】

又西二百里，曰熊耳之山，其上多漆，其下多棕。浮濠之水出焉，而西流注于洛，其中多水玉，多人鱼。有草焉，其状如苏而赤华，名曰葶苧[①]，可以毒鱼。

【注释】

①葶苧（tíng nìng）：据考证即醉鱼草，也叫鱼尾草，有毒。

【译文】

再往西二百里，有山名为熊耳山，山上有许多漆树，山下有许多棕树。浮濠水从这座山发源，然后向西流入洛水，水中蕴藏着丰富的水晶石，还生活着许多人鱼。山中有一种草，长得类似苏草，开的是红花，名为葶苧，这种草能毒死鱼。

牡山

【原文】

又西三百里，曰牡山，其上多文石，其下多竹箭、竹䉋。其兽多㸲牛、羬羊，鸟多赤鷩。

【注释】

①赤鷩（bì）：山鸡的一种，就是雉科动物红腹锦鸡。

【译文】

再往西三百里，有山名为牡山，山上有许多五颜六色的石头，山下有茂密的竹箭、竹䉋。山中生活的野兽，以㸲牛和羬羊居多，鸟类以赤鷩居多。

讙举山

【原文】

又西三百五十里，曰讙举[①]之山，雒水出焉，而东北流注于玄扈之水，其中多马肠[②]之物。此二山者，洛间也。

【注释】

①讙（huān）举：山名。

②马肠：即马腹，一种人面虎身的怪兽。

【译文】

再往西三百五十里，有山名为讙举山。雒水从这座山发源，然后向东北流入玄扈水，玄扈山中生有很多叫马肠的生物。在讙举山与玄扈山之间，有一条洛水。

中次四经 总结

【原文】

凡釐山之首，自鹿蹄之山至于玄扈之山，凡九山，千六百七十里。其神状皆人面兽身。其祠之：毛用一白鸡，祈而不糈；以采衣之。

【译文】

纵观鳌山山系的首尾，从鹿蹄山开始到玄扈山为止，一共有九座山，途经一千六百七十里。诸山山神都是人的面孔、野兽的身体。祭祀山神的方式是：在有毛的生物中选取一只白色的鸡作为祭品，祭祀不用精米；用彩色的布帛把鸡包裹起来。

中次五经

薄山、苟林山

【原文】

中次五山薄山之首，曰苟林之山，无草木，多怪石。

【译文】

中央第五列山系薄山山系的第一座山，名为苟林山，山上没有花草树木，有很多奇形怪状的石头。

首山

【原文】

东三百里，曰首山，其阴多榖柞，其草多茉[①]芫，其阳多㻬琈之玉，木多槐。其阴有谷，曰机谷，多䲕鸟[②]，其状如枭而三目，有耳，其音如録，食之已垫[③]。

【注释】

①茉（zhú）：山蓟，可以入药。

②䲕（dài）鸟：鸟名。

③垫：一种因为居住在潮湿地而引起的湿气病。

【译文】

往东三百里，有山名为首山，山北面有许多构树、柞树，山中的草以山蓟和芫华居多。山南面蕴藏着丰富的㻬琈玉，树木以槐树居多。山的北面有一个峡谷，名为机谷，谷里有许多䲕鸟，长得类似猫头鹰却有三只眼睛，叫声如同鹿鸣，人吃了它的肉能够治疗湿气病。

县㔸山

【原文】

又东三百里，曰县㔸[1]之山，无草木，多文石。

【注释】

①县㔸（zhú）：山名。

【译文】

再往东三百里，有山名为县㔸山，山上没有花草树木，有很多五颜六色纹路的石头。

葱聋山

【原文】

又东三百里，曰葱聋之山，无草木，多摩石[1]。

【注释】

①摩（bàng）石：品质次玉石一等的美丽石头。

【译文】

再往东三百里，有山名为葱聋山，山上没有花草树木，有许多摩石。

条谷山

【原文】

东北五百里，曰条谷之山，其木多槐桐，其草多芍药、虋冬[1]。

【注释】

①虋（mén）冬：俗称门冬，一种药草。

【译文】

往东北五百里，有山名为条谷山，山里的树以槐树和桐树居多，草以芍药、门冬居多。

超山

【原文】

又北十里，曰超山，其阴多苍玉，其阳有井，冬有水而夏竭。

【译文】

再往北十里，有山名为超山，山的北面蕴藏着丰富的苍玉，山的南面有一眼泉水，冬天有水而夏天枯竭。

成侯山

【原文】

又东五百里，曰成侯之山，其上多櫄木，其草多艽[1]。

【注释】

①艽（jiāo）：即为秦艽，多年生草本植物，可以入药。

【译文】

再往东五百里，有山名为成侯山，山上有许多櫄树，草以秦艽居多。

朝歌山

【原文】

又东五百里，曰朝歌之山，谷多美垩。

【译文】

再往东五百里，有山名为朝歌山，山谷蕴藏着丰富的良质垩土。

槐山

【原文】

又东五百里，曰槐山，谷多金锡。

【译文】

再往东五百里，有山名为槐山，山谷里蕴藏着丰富的金和锡。

历山

【原文】

又东十里，曰历山，其木多槐，其阳多玉。

【译文】

再往东十里，有山名为历山，山上的树以槐树居多，山的南面蕴藏着丰富的玉石。

尸山

【原文】

又东十里，曰尸山，多苍玉，其兽多麖①。尸水出焉，南流注于洛水，其中多美玉。

【注释】

①麖（jīng）：马鹿，体型较大的一种鹿。

【译文】

再往东十里，有山名为尸山，山里蕴藏着丰富的苍玉，山中生活的野兽以麖居多。尸水从这座山发源，向南流入洛水，水中蕴藏着丰富的美玉。

良馀山

【原文】

又东十里，曰良馀之山，其上多穀柞，无石。馀水出于其阴，而北流注于河；乳水出于其阳，而东南流注于洛。

【译文】

再往东十里，有山名为良馀山，山上有丰富的构树和柞树，没有石头。馀水从良馀山北麓发源，然后向北流入黄河；乳水从良馀山南麓发源，然后向东南流入洛水。

蛊尾山

【原文】

又东南十里，曰蛊尾之山，多砺石、赤铜。龙馀之水出焉，而东南流注于洛。

【译文】

再往东南十里，有山名为蛊尾山，山上蕴藏着丰富的粗磨石、赤铜。龙馀水从这座山发源，然后向东南流入洛水。

升山

【原文】

又东北二十里，曰升山，其木多穀柞棘，其草多藷芎、蕙[1]，多寇脱[2]。黄酸之水出焉，而北流注于河，其中多璇玉。

【注释】

①藷芎（shǔ yù）：即薯蓣，块茎即为山药，可入药，也能食用。蕙：一种香草。

②寇脱：通脱木，或称木通树、天麻子或通草，是制造宣纸的原料。

【译文】

再往东北二十里，有山名为升山，山上的树以构树、柞树、酸枣树居多，草以山药、蕙草居多，还有丰富的寇脱。黄酸水从这座山发源，然后向北流入黄河，水中蕴藏着丰富的璇玉。

阳虚山

【原文】

又东十二里，曰阳虚之山，多金，临于玄扈之水。

【译文】

再往东二十里，有山名为阳虚山，山上蕴藏着丰富的金属，阳虚山临近玄扈水。

中次五经 总结

【原文】

凡薄山之首，自苟林之山至于阳虚之山，凡十六山，二千九百八十二里。升山，冢也，其祠礼：太牢，婴用吉玉。首山，魈也，其祠用稌、黑牺太牢之具、糵酿①；干儛，置鼓；婴用一璧。尸水，合天也，肥牲祠也，用一黑犬于上，用一雌鸡于下，刉一牝羊，献血。婴用吉玉。采之，飨之。

【注释】

①糵（niè）酿：糵是一种酿酒用的发酵剂。这里泛指美酒。

【译文】

纵观薄山山系的首尾，从苟林山开始到阳虚山为止，一共有十六座山，途经两千九百八十二里。升山是这些山的宗主，祭祀升山山神的方式是：用猪、牛、羊齐全的三牲作祭品，祀神的玉器要用吉玉。首山山神乃是鬼神，祭祀要用稻米和整只黑色的猪、牛、羊以及美酒；祭祀时要拿着盾牌跳舞，配合着鼓的节奏；祀神的玉器用一块玉璧。尸水可达天帝所在，要用肥壮的牲畜作祭品献祭，用一只黑狗作祭品供在上面，用一只母鸡作祭品供在下面，另外取一只母羊，把羊血作为祭品奉献。祭祀用的玉器要用吉玉，用彩色布帛包裹，奉献给神灵享用。

中次六经

缟羝山 平逢山

【原文】

中次六山缟羝山之首，曰平逢之山，南望伊、洛，东望谷城之山，无草木，无水，多沙石。有神焉，其状如人而二首，名曰骄虫，是为螫虫[①]，实惟蜂蜜之庐。其祠之：用一雄鸡，禳而勿杀。

【注释】

①螫（shì）虫：有毒腺或毒刺的虫子。

【译文】

中央第六列山系缟羝山山系的第一座山，名为平逢山，从山上向南可以望见伊水和洛水，向东可以望见谷城山，山上没有花草树木，没有水，有很多沙子和石头。山中有一位山神，长得像人却有两个脑袋，名为骄虫，是所有螫虫的首领，这座山实际上是各种蜜蜂聚集筑巢的地方。祭祀这位山神的方式是：找一只公鸡作祭品，祈祷后放掉，不能杀了。

缟羝山

【原文】

西十里，曰缟羝之山，无草木，多金玉。

【译文】

往西十里，有山名为缟羝山，山上没有花草树木，蕴藏着丰富的金属和玉石。

廆山

【原文】

又西十里，曰廆山，其阴多㻬琈之玉。其西有谷焉，名曰雚谷，其木多柳楮。其中有鸟焉，状如山鸡而长尾，赤如丹火而青喙，名曰鸰鹦[1]，其鸣自呼，服之不眯。交觞之水出于其阳，而南流注于洛；俞随之水出于其阴，而北流注于穀水。

【注释】

①鸰鹦（líng yāo）：鸟名。

【译文】

再往西十里，有山名为廆山，山北蕴藏着丰富的㻬琈玉。在这座山的西面有一个山谷，名为雚谷，谷里的树木以柳树、构树居多。山中有一种鸟，长得类似野鸡，尾巴很长，全身火红，嘴巴是青色的，名为鸰鹦，叫声就是自己名字的发音，人吃了这种鸟的肉就不会做噩梦。交觞水从这座山的南麓发源，然后向南流入洛水；俞随水从这座山的北麓发源，然后向北流入穀水。

瞻诸山

【原文】

又西三十里，曰瞻诸之山，其阳多金，其阴多文石。谢水出焉，而东南流注于洛；少水出其阴，而东流注于谷水。

【译文】

再往西三十里，有山名为瞻诸山，山南面蕴藏着丰富的金属，山北面有很多带五颜六色花纹的石头。谢水从这座山发源，然后向东南流入洛水；少水从这座山的北麓发源，然后向东流入谷水。

娄涿山

【原文】

又西三十里，曰娄涿之山，无草木，多金玉。瞻水出于其阳，而东流注于洛；陂水出于其阴，而北流注于穀水，其中多茈石、文石。

【译文】

再往西三十里，有山名为娄涿山，山上没有花草树木，蕴藏着丰富的金属和玉石。瞻水从这座山的南麓发源，向东流入洛水；陂水从这座山的北麓发源，然后向北流入穀水，水中有很多紫色的石头和带五颜六色花纹的石头。

白石山

【原文】

又西四十里，曰白石之山，惠水出于其阳，而南流注于洛，其中多水玉。涧水出于其阴，西北流注于穀水，其中多麋石[①]、栌丹[②]。

【注释】

①麋石：麋通“眉”，即画眉石，一种可以描眉毛的黑矿石。

②栌丹：栌通“卢”，有黑色的意思，即黑丹砂，也是一种黑矿石。

【译文】

再往西四十里，有山名为白石山。惠水从白石山的南麓发源，然后向南流入洛水，水中有很多水晶石。涧水从白石山的北麓发源，向西北流入谷水，水中有很多画眉石、黑丹砂。

穀山

【原文】

又西五十里，曰穀山，其上多穀，其下多桑。爽水出焉，而西北流注于穀水，其中多碧绿①。

【注释】

①碧绿：孔雀石，色彩美丽，可以作为涂料。

【译文】

再往西五十里，有山名为穀山，山上有许多构树，山下有许多桑树。爽水从这座山发源，然后向西北流入谷水，水中有很多孔雀石。

密山

【原文】

又西七十二里，曰密山，其阳多玉，其阴多铁。豪水出焉，而南流注于洛。其中多旋龟，其状鸟首而鳖尾，其音如判木。无草木。

【译文】

再往西七十二里，有山名为密山，山南面蕴藏着丰富的玉石，山北面蕴藏着丰富的铁。豪水从这座山发源，然后向南流入洛水，水中有很多旋龟，长着鸟的头、鳖的尾巴，叫声好像劈木头发出的声音。这座山上没有花草树木。

长石山

【原文】

又西百里，曰长石之山，无草木，多金玉。其西有谷焉，名曰共谷，多竹。共水出焉，西南流注于洛，其中多鸣石。

【译文】

再往西一百里，有山名为长石山，山上没有花草树木，蕴藏着丰富的金属和玉石。这座山的西面有一道峡谷，名为共谷，谷里有茂密的竹子。共水从这座山发源，向西南流入洛水，水中有许多鸣石。

傅山

【原文】

又西一百四十里，曰傅山，无草木，多瑶碧。厌染之水出于其阳，而南流注于洛，其中多人鱼。其西有林焉，名曰墦冢。穀水出焉，而东流注于洛，其中多珚玉①。

【注释】

①珚（yān）玉：一种玉石。

【译文】

再往西一百四十里，有山名为傅山，山上没有花草树木，蕴藏着丰富的瑶、碧等玉石。厌染水从这座山的南麓发源，然后向南流入洛水，水中生活着许多人鱼。这座山的西面有一片树林，名为墦冢。谷水从这里流出，然后向东南流入洛水，水中蕴藏着丰富的珚玉。

橐山

【原文】

又西五十里，曰橐山[①]，其木多樗，多樠木[②]，其阳多金玉，其阴多铁，多萧[③]。橐水出焉，而北流注于河。其中多脩辟之鱼，状如黾[④]而白喙，其音如鸱，食之已白癣。

【注释】

①橐（tuó）山：山名。

②樠（bèi）木：传说中的一种树。

③萧：艾蒿。

④黾（měng）：青蛙一类的动物。

【译文】

再往西五十里，有山名为橐山，山中的树木以臭椿树居多，有很多樠树，山南面蕴藏着丰富的金属和玉石，山北面蕴藏着丰富的铁，还有很多艾蒿草。橐水从这座山发源，然后向北流入黄河。水中有很多脩辟鱼，长得类似蛙，嘴巴却是白色的，叫声很像鹞鹰，人吃了它的肉就能治愈白癣病。

常烝山

【原文】

又西九十里，曰常烝[①]之山，无草木，多垩。潐水出焉，而东北流注于河，其中多苍玉。菑水②出焉，而北流注于河。

【注释】

①常烝（zhēng）：山名。

②菑（zī）水：水名。

【译文】

往西九十里，有山名为常烝山，山上没有花草树木，有很多垩土。潐水从这座山发源，然后向东北流入黄河，水中蕴藏着丰富的苍玉。菑水也从这座山发源，然后向北流入黄河。

夸父山

【原文】

又西九十里，曰夸父之山，其木多棕楠，多竹箭，其兽多㸲牛羬羊，其鸟多赤鷩，其阳多玉，其阴多铁。其北有林焉，名曰桃林，是广员三百里，其中多马。湖水出焉，而北流注于河，其中多珚玉。

【译文】

再往西九十里，有山名为夸父山，山中的树木以棕树和楠树居多，还有许多小竹丛，山中生活的野兽以㸲牛、羬羊居多，鸟类以赤鷩居多，山的南面蕴藏着丰富的玉石，山的北面蕴藏着丰富的铁。这座山北面有一片树林，名为桃林，占地方圆三百里，林中有许多马。湖水从这座山发源，然后向北流入黄河，水中蕴藏着丰富的珚玉。

阳华山

【原文】

又西九十里，曰阳华之山，其阳多金玉，其阴多青、雄黄，其草多藷与，多苦辛，其状如楠[①]，其实如瓜，其味酸甘，食之已疟。杨水出焉，而西南流注于洛，其中多人鱼。门水出焉，而东北流注于河，其中多玄碿[②]。缙姑之水[③]出于其阴，而东流注于门水，其上多铜。

【注释】

①楠（qiū）：通“楸”。楸树是一种常见落叶乔木。

②玄碿（sù）：一种黑色的磨石。

③缙（jí）姑之水：水名。

【译文】

再往西九十里，有山名为阳华山，山南面蕴藏着丰富的金属和玉石，山北面蕴藏着丰富的石青、雄黄，山中的草以山药居多，还有很多苦辛草，长得类似楸木，结的果实像瓜，味道是酸中带甜，人服食它就能治愈疟疾。杨水从这座山发源，然后向西南流入洛水，水中有很多人鱼。门水也从这座山发源，然后向东北流入黄河，水中有很多黑色的磨石。姑水从阳华山北麓发源，然后向东流入门水，姑水两岸山间蕴藏着丰富的铜。

中次六经 总结

【原文】

凡缟羝山之首，自平逢之山至于阳华之山，凡十四山，七百九十里。

岳在其中，以六月祭之，如诸岳之祠法，则天下安宁。

【译文】

纵观缟羝山山系的首尾，从平逢山开始到阳华山为止，一共有十四座山，途径七百九十里。其中有大的山岳，在每年六月会祭祀它，祭祀典礼和其他山岳相同，祭祀之后天下就会安宁。

中次七经

苦山 休与山

【原文】

中次七山苦山之首，曰休与之山，其上有石焉，名曰帝台之棋，五色而文，其状如鹑卵，帝台之石，所以祷百神者也，服之不蛊。有草焉，其状如蓍，赤叶而本丛生，名曰夙条，可以为簳。

【译文】

中央第七列山系苦山山系的第一座山，名为休与山，山上有一种石子，是神仙帝台用的棋子，五颜六色且有花纹，外形好像鹌鹑蛋，神仙帝台的石子，是用来向诸神祈祷的，人如果佩戴这种石子就不会被邪气入侵。山中还有一种草，长得像蓍草，叶子是红色的，根茎丛生在一起，名为夙条，可以用来做箭杆。

鼓钟山

【原文】

东三百里，曰鼓钟之山，帝台之所以觞百神也。有草焉，方茎而黄华，员叶而三成，其名曰焉酸，可以为毒。其上多砺，其下多砥。

【译文】

往东三百里，有山名为鼓钟山，神仙帝台在此处宴请诸神。山里有一种草，茎杆是方形的，花朵是黄色的，叶子是圆形的，而且重叠成三层，名为焉酸，可以用来解毒。山上有许多粗磨石，山下有许多细磨石。

姑媱山

【原文】

又东二百里，曰姑媱之山，帝女[①]死焉，其名曰女尸，化为䔄草[②]，其叶胥成，其华黄，其实如菟丘[③]，服之媚于人。

【注释】

①帝女：相传为炎帝之女，死后被安葬在姑媱山上，化为瑶草，所以世间称之为瑶姬。

②䔄草：瑶草。䔄通“瑶”。

③菟丘：即菟丝子，一种缠绕寄生的草本植物。

【译文】

再往东二百里，有山名为姑媱山，天帝的女儿死后葬在这座山上，她的名字叫女尸，死后化为瑶草，叶子层层叠叠，花朵是黄色的，果实很像菟丝子的果实，女子如果吃了这种草就会变得可爱美丽，令人喜爱。

苦山

【原文】

又东二十里，曰苦山，有兽焉，名曰山膏，其状如豚，赤若丹火，善詈。其上有木焉，名曰黄棘，黄华而员叶，其实如兰，服之不字。有草焉，员叶而无茎，赤华而不实，名曰无条，服之不瘿。

【译文】

再往东二十里，有山名为苦山，山中有一种野兽，名为山膏，长得类似普通的小猪，身上红得如同丹火，很会骂骂咧咧。山上有一种树，名为黄棘，开黄色的花、叶子圆圆的，果实很像兰草的果实，女人如果吃了这种果实会不孕不育。山中有一种草，有圆圆的叶子而没有茎杆，开红色的花，不结果实，名为无条，吃了这种果实，人的脖子就不会长瘤。

堵山

【原文】

又东二十七里，曰堵山，神天愚居之，是多怪风雨。其上有木焉，名曰天楄，方茎而葵状，服者不哽①。

【注释】

①哽：通"噎"，吃东西噎住。

【译文】

再往东二十七里，有山名为堵山，天神天愚就住在这里，所以山上经常会刮奇怪的风、下奇怪的雨。山上有一种树，名为天楄，茎杆是方形的，类似葵菜的外形，人吃了它之后再吃东西就不会被噎住。

放皋山

【原文】

又东五十二里，曰放皋之山，明水出焉，南流注于伊水，其中多苍玉。有木焉，其叶如槐，黄华而不实，其名曰蒙木，服之不惑。有兽焉，其状如蜂，枝尾而反舌，善呼，其名曰文文。

【译文】

再往东五十二里，有山名为放皋山，明水便从这座山发源，向南流入伊水，水中蕴藏着丰富的苍玉。山中有一种树，叶子与槐树叶相似，开黄色的花，不结果实，名为蒙木，人吃了它就会头脑清晰不犯迷糊。山中还有一种野兽，长得类似蜜蜂，尾巴分叉，舌头反着长，喜欢呼叫，名为文文。

大苦山

【原文】

又东五十七里，曰大苦之山，多㻬琈之玉，多麋玉。有草焉，其叶状如榆，方茎而苍伤，其名曰牛伤，其根苍文，服者不厥，可以御兵。其阳狂水出焉，西南流注于伊水。其中多三足龟，食者无大疾，可以已肿。

【译文】

再往东五十里，有山名为大苦山，山上蕴藏着丰富的㻬琈玉，还有很多麋玉。山中有一种草，叶子像榆树的叶，茎杆是方形的，上面还长满了刺，名为牛伤，草的根茎上有青色的纹路，人吃了就不会犯晕厥，还能免于兵器伤害。狂水从这座山的南麓发源，向西南流入伊水。水中生活着许多三只脚的龟，吃了这种三脚龟，人就不会生大病，还能治疗痈肿。

半石山

【原文】

又东七十里，曰半石之山，其上有草焉，生而秀，其高丈余，赤叶赤华，华而不实，其名曰嘉荣，服之者不畏霆[①]。来需之水出于其阳，而西流注于伊水，其中多鲶鱼[②]，黑文，其状如鲋，食者不睡。合水出于其阴，而北流注于洛，多螣鱼[③]，状如鳜，居逵[④]，苍文赤尾，食者不痈，可以为瘘。

【注释】

①霆：响声吓人又迅猛的雷。

②鲶（lún）鱼：传说中的一种鱼。

③螣（téng）鱼：一种鱼。身体黄褐色，头大而阔，眼小，下颌突出，有两个背鳍。

④逵：这里指水底贯通的洞穴。

【译文】

再往东七十里，有山名为半石山。山上有一种草，一长出来就开花，高一丈多，叶子和花都是红色的，开花后不结果实，名为嘉荣，吃了这种草，人就不会害怕打雷。来需水从半石山南麓发源，然后向西流入伊水，水中有很多鲶鱼，鱼身长有黑色的纹路，外形类似普通的鲫鱼，人吃了它的肉不会打瞌睡。合水从半石山北麓发源，然后向北流入洛水，水中有很多螣鱼，长得类似普通的鳜鱼，生活在水底洞穴中，浑身长满青色斑纹却拖着一条红尾巴，人吃了它的肉就不会患痈肿，还可以治好瘘疮。

少室山

【原文】

又东五十里，曰少室之山，百草木成囷[①]。其上有木焉，其名曰帝休，叶状如杨，其枝五衢，黄华黑实，服者不怒。其上多玉，其下多铁。休水出焉，而北流注于洛，其中多鯑鱼，状如盩蜼[2]而长距，足白而对，食者无蛊疾，可以御兵。

【注释】

①囷（qūn）：古代一种圆形谷仓。

②盩蜼（zhōu wèi）：一种类似猕猴的长尾猴。

【译文】

再往东五十里，有山名为少室山，许多花草树木聚集在一起，就像圆形的谷仓。山上有一种树，名为帝休，叶子的外形像杨树的叶子，树枝相互交错伸向各个方向，花是黄色的，果实是黑色的，吃了这种果实人就不会发怒。山上蕴藏着丰富的玉石，山下蕴藏着丰富的铁。休水从这座山发源，然后向北流入洛水，水中有很多鯑鱼，长得类似猕猴，长着像公鸡的长爪，脚趾是白色而且相对而生，人如果吃了这种动物的肉，就不会变得疑神疑鬼，还能抵御兵器的伤害。

泰室山

【原文】

又东三十里，曰泰室之山，其上有木焉，叶状如梨而赤理，其名曰栯木，服者不妒。有草焉，其状如茱，白华黑实，泽如蘡薁[1]，其名曰䔄草[2]，服之不眯。上多美石。

【注释】

①蘡薁（yīng yù）：落叶藤本植物。俗称野葡萄，也叫山葡萄。

②䔄草：这里的䔄草与前文的不是同一种植物，只是名称一样。

【译文】

再往东三十里，有山名为泰室山。山上有一种树，叶子长得类似梨树叶却有红色的纹理，名为栯木，人吃了它不会有嫉妒心。山中还有一种草，长得类似苿草，开白色的花，结黑色的果实，果实的光泽就像野葡萄一样，名为䔄草，人如果吃了这种草，不会做噩梦。山上还有很多美丽的石头。

讲山

【原文】

又北三十里，曰讲山，其上多玉，多柘，多柏。有木焉，名曰帝屋，叶状如椒，反伤赤实，可以御凶。

【译文】

再往北三十里，有山名为讲山，山上蕴藏着丰富的玉石，有很多的柘树和柏树。山中有一种树，名为帝屋，叶子的外形像花椒树的叶，有倒刺，果实是红色的，吃了它可以抵御凶煞之气。

婴梁山

【原文】

又北三十里，曰婴梁之山，上多苍玉，錞于玄石。

【译文】

再往北三十里，有山名为婴梁山，山上蕴藏着丰富的苍玉，苍玉都依附在黑色的石头里。

浮戏山

【原文】

又东三十里，曰浮戏之山，有木焉，叶状如樗而赤实，名曰亢木，食之不蛊。汜水出焉，而北流注于河。其东有谷，因名曰蛇谷，上多少辛。

【译文】

再往东三十里，有山名为浮戏山，山中有一种树，叶子长得类似臭椿树的叶，而果实是红色的，名为亢木，人吃了它就不会被蛊毒侵害。汜水从这座山发源，然后向北流入黄河。在浮戏山的东面有一道峡谷，因为谷里有很多蛇，所以叫蛇谷，峡谷里蕴藏着丰富的细辛。

少陉山

【原文】

又东四十里，曰少陉之山，有草焉，名曰茵草[①]，叶状如葵，而赤茎白华，实如蘡薁，食之不愚。器难之水出焉，而北流注于役水。

【注释】

①茵（gāng）草：一种生在田里的草，可作饲料，亦称“水稗子”。

【译文】

再往东四十里，有山名为少陉山，山中有一种草，名为茵草，叶子的外形像葵菜叶，有红色的茎杆，开白色的花，果实很像野葡萄，人吃了之后就会变聪明。器难水从这座山发源，然后向北流入役水。

太山

【原文】

又东南十里，曰太山，有草焉，名曰梨，其叶状如荻而赤华，可以已疽。太水出于其阳，而东南流注于役水；承水出于其阴，而东北流注于役水。

【译文】

再往东南十里，有山名为太山，山里有一种草，名为梨，叶子长得类似蒿草叶而开红色的花，可以用来治疗痈疽。太水从这座山的南麓发源，然后向东南流入役水；承水从这座山的北麓发源，然后向东北流入役水。

末山

【原文】

又东二十里，曰末山，上多赤金。末水出焉，北流注于役水。

【译文】

再往东二十里，有山名为末山，山上蕴藏着丰富的赤金。末水从这座山发源，向北流入役水。

役山

【原文】

又东二十五里，曰役山，上多白金，多铁。役水出焉，北流注于河。

【译文】

再往东二十五里，有山名为役山，山上蕴藏着丰富的白银以及铁。役水从这座山发源，向北流入黄河。

敏山

【原文】

又东三十五里，曰敏山，上有木焉，其状如荆，白华而赤实，名曰蓟柏[1]，服者不寒。其阳多㻬琈之玉。

【注释】

①蓟（jì）柏：蓟同"蓟"。一种古树名，是柏树的一种。

【译文】

再往东三十五里，有山名为敏山，山上有一种树，外形像牡荆，花朵是白色的，果实是红色的，名为蓟柏，人如果吃了它的果实就不会感到寒冷。敏山南面还蕴藏着丰富的㻬琈玉。

大騩山

【原文】

又东三十里，曰大騩之山，其阴多铁、美玉、青垩。有草焉，其状如蓍而毛，青华而白实，其名曰蒗[1]，服之不夭[2]，可以为腹病。

【注释】

①蒗（hěn）：传说中的一种草，可以入药。

②不夭：不会过早死去，指延长寿命。

【译文】

再往东三十里，有山名为大騩山，山北面蕴藏着丰富的铁、美玉、青色的垩土。山中有一种草，长得类似蓍草却长着绒毛，花朵是青色的、果实是白色的，名为蒗，人吃了这种草可以延长寿命，也可以用来治疗肠胃疾病。

中次七经 总结

【原文】

凡苦山之首，自休与之山至于大騩之山，凡十有九山，千一百八十四里。其十六神者，皆豕身而人面。其祠：毛牷用一羊羞，婴用一藻玉瘗。苦山、少室、太室皆冢也，其祠之：太牢之具，婴以吉玉。其神状皆人面而三首，其余属皆豕身人面也。

【译文】

纵观苦山山系的首尾，从休与山开始到大騩山为止，一共有十九座山，途经一千一百八十四里。其中有十六座山的山神，都是猪的身体、人的面孔。祭祀这十六位山神的方式是：在有毛的生物中选取一只颜色纯粹的羊作为祭品，祭祀的玉器用一块藻玉，祭祀结束之后一起埋入地底。苦山、少室山、太室山是其他山的宗主，祭祀这三位山神的方式是：用猪、牛、羊齐全的三牲祭品，祭祀用的玉器要选用吉玉。这三位山神长得都是人的模样，不过有三个脑袋，其他的山神都是猪的身体、人的面孔。

中次八经

景山

【原文】

中次八山荆山之首，曰景山，其上多金玉，其木多杼檀[①]。睢水出焉，东南流注于江，其中多丹粟，多文鱼。

【注释】

①杼（shù）檀：杼树和檀树。杼树，即柞树。

【译文】

中央第八列山系荆山山系的第一座山，名为景山，山上蕴藏着丰富的金属和玉石，树木以杼树和檀树居多。睢水从这座山发源，向东南流入江水，水中有很多粟粒大小的丹砂，还有许多五颜六色的鱼。

荆山

【原文】

东北百里，曰荆山，其阴多铁，其阳多赤金，其中多犛牛[①]，多豹虎，其木多松柏，其草多竹，多橘櫾[②]，漳水出焉，而东南流注于睢，其中多黄金，多鲛鱼，其兽多闾麋。

【注释】

①犛（máo）牛：牦牛。

②櫾（yòu）：通“柚”，柚子。

【译文】

往东北一百里，有山名为荆山，山北面蕴藏着丰富的铁，山南面蕴藏着丰富的赤金，山中有许多牦牛，还有很多豹子和老虎，这里的树木以松树和柏树居多，草以竹丛居多，还有许多橘子树和柚子树，漳水从这座山发源，然后向东南流入睢水，水中蕴藏着丰富的黄金，还有很多鲛鱼，山中的野兽以山驴和麋鹿居多。

骄山

【原文】

又东北百五十里，曰骄山，其上多玉，其下多青雘，其木多松柏，多桃枝钩端。神蟲围[①]处之，其状如人而羊角虎爪，恒游于睢漳之渊，出入有光。

【注释】

①蟲（tuó）围：传说中古神的名字。

【译文】

再往东北一百五十里，有山名为骄山，山上蕴藏着丰富的玉石，山下蕴藏着丰富的青雘，这里的树木以松树和柏树居多，有很多桃枝和钩端竹。神灵蟲围住在这里，他长得像人，却有羊角和虎爪，总是在睢水和漳水的深渊里游玩，出入的时候都有光芒伴随。

女几山

【原文】

又东北百二十里，曰女几之山，其上多玉，其下多黄金，其兽多豹虎，多闾麋麖[①]麂[②]，其鸟多白[illegible][③]，多翟，多鸩。

鸩

【注释】

①麖（jīng）：一种体形较大的鹿，俗称马鹿。

②麂（jǐ）：一种体形较小的鹿。俗称麂子。

③白鵁（jiāo）：雉的一种，尾巴较长。

【译文】

再往东北一百二十里，有山名为女几山，山上蕴藏着丰富的玉石，山下蕴藏着丰富的黄金，山中的野兽以豹子和老虎居多，还有许多山驴、麋鹿、麖、麂，鸟类中以白鵁居多，还有很多长尾野鸡、鸩鸟。

宜诸山

【原文】

又东北二百里，曰宜诸之山，其上多金玉，其下多青雘。洈水出焉，而南流注于漳，其中多白玉。

【译文】

再往东北二百里，有山名为宜诸山，山上蕴藏着丰富的金属和玉石，山下蕴藏着丰富的青雘。洈水从这座山发源，然后向南流入漳水，水中蕴藏着丰富的白色玉石。

纶山

【原文】

又东北三百五十里，曰纶山，其木多梓楠，多桃枝，多柤、栗、橘、櫾，其兽多闾、麈、麢、㚟[①]。

【注释】

①㚟（chuò）：一种类似兔子的动物，皮毛是青色的。

【译文】

再往东北三百五十里，有山名为纶山，山中的树以梓树和楠木居多，还有很多桃枝竹，以及许多柤树、栗子树、橘子树、柚子树，山中的野兽以山驴、麈、羚羊和㚟居多。

陆郃山

【原文】

又东二百里，曰陆郃[1]之山，其上多㻬琈之玉，其下多垩，其木多杻橿。

【注释】

①陆郃（guǐ）：山系的名称。

【译文】

再往东二百里，有山名为陆郃山，山上蕴藏着丰富的㻬琈玉，山下蕴藏着丰富的垩土，树木以杻树和橿树居多。

光山

【原文】

又东百三十里，曰光山，其上多碧，其下多水。神计蒙[1]处之，其状人身而龙首，恒游于漳渊，出入必有飘风暴雨。

【注释】

①计蒙：中国古代神话中的司雨之神，亦名雨师。

【译文】

再往东一百三十里，有山名为光山，山上蕴藏着丰富的碧玉，山下流水众多。神仙计蒙便居住在这座山中，他长着人的身体、龙的脑袋，经常在漳水的深渊里游玩，出入时都会伴随着狂风暴雨。

岐山

【原文】

又东百五十里，曰岐山，其阳多赤金，其阴多白珉，其上多金玉，其下多青雘，其木多樗。神涉䖪[①]处之，其状人身而方面三足。

【注释】

①涉䖪（tuó）：传说中古神的名字。

【译文】

再往东一百五十里，有山名为岐山，山南面蕴藏着丰富的赤金，山北面蕴藏着白色珉石，山上蕴藏着丰富的金属和玉石，山下蕴藏着丰富的青雘，这里的树以臭椿树居多。神仙涉䖪就居住在山中，他长有人类的身体，方形的脸孔，还有三只脚。

铜山

【原文】

又东百三十里，曰铜山，其上多金、银、铁，其木多榖、柞、柤、栗、橘、櫾，其兽多犳[1]。

【注释】

①犳（zhuó）：传说中的一种野兽，像豹，没有花纹。

【译文】

再往东一百三十里，有山名为铜山，山上蕴藏着丰富的金、银、铁，山上有许多构树、柞树、柤树、栗子树、橘子树、柚子树，野兽以犳居多。

美山

【原文】

又东北一百里，曰美山，其兽多兕牛，多闾麈，多豕鹿，其上多金，其下多青雘。

【译文】

再往东北一百里，有山名为美山，山中的野兽以兕和野牛居多，也有很多山驴、麈，还有许多野猪、鹿，山上蕴藏着丰富的金属，山下蕴藏着丰富的青雘。

大尧山

【原文】

又东北百里，曰大尧之山，其木多松柏，多梓桑，多机，其草多竹，其兽多豹、虎、麢、臭。

【译文】

再往东北一百里，有山名为大尧山，山里的树以松树和柏树居多，也有许多梓树和桑树，以及许多机木树，山中的草以小竹丛居多，野兽以豹子、老虎、羚羊、㚟居多。

灵山

【原文】

又东北三百里，曰灵山，其上多金玉，其下多青雘，其木多桃、李、梅、杏。

【译文】

再往东北三百里，有山名为灵山，山上蕴藏着丰富的金属和玉石，山下蕴藏着丰富的青雘，这里的树以桃树、李树、梅树、杏树居多。

龙山

【原文】

又东北七十里，曰龙山，上多寓木，其上多碧，其下多赤锡，其草多桃枝钩端。

【译文】

再往东北七十里，有山名为龙山，山上有很多寄生的树，还蕴藏着丰富的碧玉，山下蕴藏着丰富的红色锡土，而草以桃枝、钩端居多。

衡山

【原文】

又东南五十里，曰衡山，上多寓木榖柞，多黄垩、白垩。

【译文】

再往东南五十里，有山名为衡山，山上有许多寄生的树、构树、柞树，还蕴藏着丰富的黄色垩土和白色垩土。

石山

【原文】

又东南七十里，曰石山，其上多金，其下多青雘，多寓木。

【译文】

再往东南七十里，有山名为石山，山上蕴藏着丰富的金属，山下蕴藏着丰富的青雘，还有许多寄生树。

若山

【原文】

又南百二十里，曰若山，其上多㻬琈之玉，多赭，多封石[①]，多寓木，多柘。

【注释】

①封石：古代一种可以用来制作药物的矿石。

【译文】

再往南一百二十里，有山名为若山，山上蕴藏着丰富的㻬琈玉、丰富的赭石，还有很多封石，这里生长着许多寄生树，还有很多柘树。

彘山

【原文】

又东南一百二十里，曰彘山，多美石，多柘。

【译文】

再往东南一百二十里，有山名为彘山，山上有许多美丽的石头，还有很多柘树。

玉山

【原文】

又东南一百五十里，曰玉山，其上多金玉，其下多碧铁，其木多柏。

【译文】

再往东南一百五十里，有山名为玉山，山上蕴藏着丰富的金属和玉石，山下蕴藏着丰富的碧玉、铁，这里的树以柏树居多。

讙山

【原文】

又东南七十里，曰讙山，其木多檀，多封石，多白锡。郁水出于其上，潜于其下，其中多砥砺。

【译文】

再往东南七十里，有山名为讙山，这里的树以檀树居多，还蕴藏着丰富的封石，以及白色锡土。郁水从这座山的山顶上发源，潜流到山下，水中有很多磨石。

仁举山

【原文】

又东北百五十里，曰仁举之山，其木多榖柞，其阳多赤金，其阴多赭。

【译文】

再往东北一百五十里，有山名为仁举山，这里的树以构树和柞树居多，山南面蕴藏着丰富的赤金，山北面蕴藏着丰富的赭石。

师每山

【原文】

又东五十里，曰师每之山，其阳多砥砺，其阴多青雘，其木多柏，多檀，多柘，其草多竹。

【译文】

再往东五十里，有山名为师每山，山南面蕴藏着丰富的粗细磨石，山北面蕴藏着丰富的青雘，山中的树以柏树居多，还有很多檀树，以及许多柘树，草以小竹丛居多。

琴鼓山

【原文】

又东南二百里，曰琴鼓之山，其木多榖、柞、椒、柘，其上多白珉，其下多洗石，其兽多豕鹿，多白犀，其鸟多鸩。

【译文】

再往东南二百里，有山名为琴鼓山，这里的树以构树、柞树、椒树、柘树居多，山上蕴藏着丰富的白色珉石，山下蕴藏着丰富的洗石，山中的野兽以野猪和鹿居多，也有很多白色犀牛，鸟类以鸩鸟居多。

中次八经 总结

【原文】

凡荆山之首，自景山至琴鼓之山，凡二十三山，二千八百九十里。其神状皆鸟身而人面。其祠：用一雄鸡祈瘗，婴用一藻圭，糈用稌。骄山，冢也。其祠：用羞酒少牢祈瘗，婴用一璧。

【译文】

纵观荆山山系的首尾，从景山开始到琴鼓山为止，一共有二十三座山，途经二千八百九十里。诸山山神都长着鸟的身体、人的面孔。祭祀这些山神的方式是：在有毛的生物中选取一只公鸡，祭祀后埋入地下，祀神时的玉要用一块藻圭，祀神的米要用稻米。骄山是这些山的宗主。祭祀骄山山神的方式是：把祭祀的美酒和猪、羊在祭祀后埋入地下，祀神的玉器要用一块玉璧。

中次九经

岷山与女几山

【原文】

中次九山岷山之首，曰女几之山，其上多石涅，其木多杻橿，其草多菊茉。洛水出焉，东注于江。其中多雄黄，其兽多虎豹。

【译文】

中央第九列山系岷山山系的第一座山，名为女几山，山上蕴藏着丰富的石涅，树木以杻树和橿树居多，花草以野菊、白术居多。洛水从这座山发源，向东流入长江。山里蕴藏着丰富的雄黄，野兽以老虎、豹子居多。

岷山

【原文】

又东北三百里，曰岷山，江水出焉，东北流注于海，其中多良龟，多鼍[①]。其上多金玉，其下多白珉。其木多梅棠，其兽多犀象，多夔牛[②]，其鸟多翰鷩。

【注释】

①鼍（tuó）：即现在的扬子鳄，古人俗称猪婆龙。

②夔（kuí）牛：传说中的一种野兽，长得像牛，非常巨大，只有一只脚。

【译文】

再往东北三百里，有山名为岷山。长江从岷山发源，向东北流入大海，水中有许多良龟，还有许多鼍。山上蕴藏着丰富的金属和玉石，山下蕴藏着丰富的白色珉石。山中的树木以梅树和海棠树最多，而山中生活的野兽以犀牛和大象居多，还有夔牛，这里的鸟以白翰鸟和赤鷩鸟居多。

崍山

【原文】

又东北一百四十里，曰崍山，江水出焉，东流注于大江。其阳多黄金，其阴多麋麈，其木多檀柘，其草多䪥韭，多药、空夺。

【译文】

再往东北一百四十里，有山名为崍山，江水从这座山发源，向东流入长江。山南面蕴藏着丰富的黄金，山北面有很多麋鹿和麈，这里的树木以檀树和柘树居多，而草以野䪥菜和野韭菜居多，还有许多白芷和寇脱。

崌山

【原文】

又东一百五十里，曰崌山，江水出焉，东流注于大江，其中多怪蛇，多鰲鱼[①]。其木多楢[②]杻，多梅梓，其兽多夔牛、麢[③]、㚟[④]、犀、兕。有鸟焉，状如鸮而赤身白首，其名曰窃脂，可以御火。

【注释】

①鰲（zhì）鱼：传说中的一种鱼，具体不详。

②楢（yóu）：树名，木质坚韧，可做车轮，也可用来取火。

③麢（líng）：古同“羚”，即羚羊。

④㚟（chuò）：一种类似兔子的动物，皮毛是青色的

【译文】

再往东一百五十里，有山名为崌山，江水从这座山发源，向东流入长江，水中生活着许多怪蛇，还有很多鳌鱼。这里的树以楢树和杻树居多，还有很多梅树与梓树，山中生活着的野兽以夔牛、羚羊、㚟、犀牛、兕居多。山中有一种鸟，长得像猫头鹰，身体却是红色的，脑袋是白色的，名为窃脂，饲养这种鸟可以躲避火灾。

高梁山

【原文】

又东三百里，曰高梁之山，其上多垩，其下多砥砺，其木多桃枝、钩端。有草焉，状如葵而赤华，荚实白柎，可以走马。

【译文】

再往东三百里，有山名为高梁山，山上蕴藏着丰富的垩土，山下蕴藏着丰富的磨石，山上的树以桃枝竹和钩端竹居多。山中有一种草，长得类似葵菜却有红色的花朵、带荚的果实、白色的花萼，马吃了这种草会跑得更快。

蛇山

【原文】

又东四百里，曰蛇山，其上多黄金，其下多垩，其木多栒，

多橡章，其草多嘉荣、少辛。有兽焉，其状如狐，而白尾长耳，名狏狼[1]，见则国内有兵。

【注释】

①狏（yǐ）狼：传说中的野兽。

【译文】

再往东四百里，有山名为蛇山，山上蕴藏着丰富的黄金，山下蕴藏着丰富的垩土，山上的树以栒树居多，还有许多橡章树，而草以嘉荣、细辛居多。山中生活着一种野兽，长得类似普通的狐狸，却有白色的尾巴和长长的耳朵，名为狏狼，它们出现在哪个国家，哪个国家就会发生战争。

鬲山

【原文】

又东五百里，曰鬲山，其阳多金，其阴多白珉。蒲䴊[1]之水出焉，而东流注于江，其中多白玉。其兽多犀、象、熊、罴，多猨蜼[2]。

【注释】

①蒲䴊（hōng）：水流名。

②猨蜼（yuán wèi）：一种体形较大的长尾猴。

【译文】

再往东五百里，有山名为鬲山，山南面蕴藏着丰富的金属，山北面蕴藏着丰富的白色珉石。蒲䴊水从这座山发源，然后向东流入长江，水中有很多白色玉石。山中的野兽以犀牛、大象、熊、罴居多，还有许多长尾猴。

隅阳山

【原文】

又东北三百里，曰隅阳之山，其上多金玉，其下多青雘，其木多梓桑，其草多茈。徐之水出焉，东流注于江，其中多丹粟。

【译文】

再往东北三百里，有山名为隅阳山，山上蕴藏着丰富的金属和玉石，山下蕴藏着丰富的青雘，这里的树以梓树和桑树居多，草以紫草居多。徐水从这座山发源，向东流入长江，水中有许多粟粒大小的丹砂。

岐山

【原文】

又东二百五十里，曰岐山，其上多白金，其下多铁，其木多梅梓，多杻楢。減水出焉，东南流注于江。

【译文】

再往东二百五十里，有山名为岐山，山上蕴藏着丰富的白金，山下蕴藏着丰富的铁，山上的树以梅树和梓树居多，还有许多杻树和楢树。減水从这座山发源，向东南流入长江。

勾祢山

【原文】

又东三百里，曰勾祢之山[①]，其上多玉，其下多黄金，其木多栎柘，其草多芍药。

【注释】

①勾祢（mí）之山：山名。

【译文】

再往东三百里，有山名为勾祢山，山上蕴藏着丰富的玉石，山下蕴藏着丰富的黄金，这里的树以栎树和柘树居多，而草以芍药居多。

风雨山

【原文】

又东一百五十里，曰风雨之山，其上多白金，其下多石涅，其木多棷樿[①]，多杨。宣余之水出焉，东流注于江，其中多蛇。其兽多闾、麋、麈，多豹虎，其鸟多白鸫。

【注释】

①棷樿（zōu shàn）：棷树和樿树，都是古书上记载的树。

【译文】

再往东一百五十里，有山名为风雨山，山上蕴藏着丰富的白金，山下蕴藏着丰富的石涅，山上的树以棷树和樿树居多，还有许多杨树。宣余水从这座山发源，向东流入长江，水中生活着很多水蛇。山中生活的野兽以山驴、麋鹿、麈居多，还有许多豹子和老虎，鸟类以白鶺居多。

玉山

【原文】

又东北二百里，曰玉山，其阳多铜，其阴多赤金，其木多橡章楢杻，其兽多豕鹿麢㚟，其鸟多鸩。

【译文】

再往东二百里，有山名为玉山，山南面蕴藏着丰富的铜，山北面蕴藏着丰富的赤金，山中的树以橡章树、楢树、杻树居多，山中的野兽以野猪、鹿、羚羊、㚟居多，鸟类中最多的是鸩鸟。

熊山

【原文】

又东一百五十里，曰熊山，有穴焉，熊之穴，恒出入神人。夏启而冬闭，是穴也，冬启乃必有兵。其上多白玉，其下多白金，其木多樗柳，其草多寇脱。

【译文】

再往东一百五十里，有山名为熊山，山中有一个洞穴，是熊的巢穴，经常会有神人出现。洞穴在夏天打开而在冬天关闭，这个洞穴，如果在冬天打开，天下就一定会有战乱发生。山上蕴藏着丰富的白色玉石，山下蕴藏着丰富的白金，山里的树以臭椿树和柳树居多，草以寇脱居多。

騩山

【原文】

又东一百四十里，曰騩山，其阳多美玉赤金，其阴多铁，其木多桃枝、荆、芑。

【译文】

再往东一百四十里，有山名为騩山，山南面蕴藏着丰富的美玉和赤金，山北面蕴藏着丰富的铁，山上的树以桃枝竹、牡荆树、枸杞树居多。

葛山

【原文】

又东二百里，曰葛山，其上多赤金，其下多瑊石，其木多柤、栗、橘、櫾、楢、杻，其兽多麢臭，其草多嘉荣。

【译文】

再往东二百里，有山名为葛山，山上蕴藏着丰富的赤金，山下蕴藏着丰富的瑊石，山里的树以柤树、栗子树、橘子树、柚子树、楢树、杻树居多，山中生活着的野兽以羚羊和臭居多，草以嘉荣居多。

贾超山

【原文】

又东一百七十里，曰贾超之山，其阳多黄垩，其阴多美赭，其木多柤栗橘櫾，其中多龙脩。

【译文】

再往东一百七十里，有山名为贾超山，山南面蕴藏着丰富的黄色垩土，山北面蕴藏着丰富的、精美的赭石，山上的树以柤树、栗子树、橘子树、柚子树居多，山中的草以龙须草居多。

中次九经 总结

【原文】

凡岷山之首，自女几山至于贾超之山，凡十六山，三千五百里。其神状皆马身而龙首。其祠：毛用一雄鸡瘗，糈用稌。文山、勾㭨、风雨、䫻山，是皆冢也。其祠之：羞酒，少牢具，婴用一吉玉。熊山，帝也，其祠：羞酒，太牢具，婴用一璧。干儛，用兵以禳；祈，璆[①]冕[②]舞。

【注释】

①璆（qiú）：古同“球”，美玉，亦指玉磬。

②冕（miǎn）：冕服，这里泛指礼服。

【译文】

纵观岷山山系的首尾，从女几山开始到贾超山为止，一共有十六座山，途经三千五百里，这些山的山神都长着马的身体、龙的头。祭祀这些山神的方式是：在有毛的生物中选取一只公鸡作为祭品埋入地下，祀神的米要用稻米。文山、勾㭨山、风雨山、䫻山，是诸山的宗主。祭祀这几位山神的方式是：进献美酒，用猪、羊作祭品，祀神的玉器用一块吉玉。

熊山，是诸山的首领。祭祀这个山神的方式是：供奉美酒，准备猪、牛、羊齐全的三牲祭品，祭祀神的玉器要用一块玉璧。祭祀者要手拿着盾牌跳舞，这样可以避免战争；祈福的话，要身穿礼服、手里拿着美玉跳舞。

中次十经

首阳山

【原文】

中次十山之首，曰首阳之山，其上多金玉，无草木。

【译文】

中央第十列山系的第一座山，名为首阳山，山上蕴藏着丰富的金属和玉石，没有花草树木。

虎尾山

【原文】

又西五十里，曰虎尾之山，其木多椒椐，多封石，其阳多赤金，其阴多铁。

【译文】

再往西五十里，有山名为虎尾山，山中的树以花椒树和椐树居多，山上有很多封石，山的南面蕴藏着丰富的赤金，山的北面蕴藏着丰富的铁。

繁缋山

【原文】

又西南五十里，曰繁缋之山，其木多楢杻，其草多枝勾。

【译文】

再往西南五十里，有山名为繁缋山，山上的树以楢树和杻树居多，而草以桃枝、钩端之类的小竹丛居多。

勇石山

【原文】

又西南二十里，曰勇石之山，无草木，多白金，多水。

【译文】

再往西南二十里，有山名为勇石山，山上没有花草树木，蕴藏着丰富的白金，有很多流水。

复州山

【原文】

又西二十里，曰复州之山，其木多檀，其阳多黄金。有鸟焉，其状如鸮，而一足彘尾，其名曰跂踵①，见则其国大疫。

【注释】

①跂踵（qǐ zhǒng）：传说中的鸟名。

【译文】

再往西二十里，有山名为复州山，山上的树以檀树居多，山的南面蕴藏着丰富的黄金。山中有一种鸟，长得类似普通的猫头鹰，却只有一只爪子，还有猪一样的尾巴，名为跂踵，这种鸟在哪个国家出现，哪个国家就会发生大瘟疫。

楮山

【原文】

又西三十里，曰楮山，多寓木，多椒椐，多柘，多垩。

【译文】

再往西三十里，有山名为楮山，山中有很多寄生的树，还有许多花椒树、椐树，以及柘树，还有丰富的垩土。

又原山

【原文】

又西二十里，曰又原之山，其阳多青雘，其阴多铁，其鸟多鸜鹆[①]。

【注释】

①鸜鹆（qú yù）：也叫雊鹆“gòu yù”，即八哥。

【译文】

再往西二十里，有山名为又原山，山南面蕴藏着丰富的青雘，山北面蕴藏着丰富的铁，这里的鸟类以八哥居多。

涿山

【原文】

又西五十里，曰涿山，其木多穀柞杻，其阳多㻬琈之玉。

【译文】

再往西五十里，有山名为涿山，这里的树以构树、柞树、杻树居多，山南面蕴藏着丰富的㻬琈玉。

丙山

【原文】

又西七十里，曰丙山，其木多梓檀，多弞杻。

【译文】

再往西七十里，有山名为丙山，山上的树以梓树、檀树居多，还有很多弞杻树。

中次十经 总结

【原文】

凡首阳山之首，自首山至于丙山，凡九山，二百六十七里。其神状皆龙身而人面。其祠之：毛用一雄鸡瘗，糈用五种之糈。堵山，冢也，其祠之：少牢具，羞酒祠，婴用一璧瘗。騩山，帝也，其祠：羞酒，太牢具，合巫祝二人儛，婴一璧。

【译文】

纵观首阳山山系的首尾，从首阳山开始到丙山为止，一共有九座山，途经二百六十七里。这些山的山神都长着龙的身体、人的脸孔。祭祀山神的方式是：在有毛的生物中选取一只公鸡，献祭后埋入地下，祀神的米要用五种粮米。堵山是诸山的宗主，祭祀堵山山神的方式如下：用猪、羊二牲作为祭品，供奉美酒，祭祀的玉器用一块玉璧，祭祀后埋入地下。魏山，是诸山的首领，祭祀魏山山神要进献美酒，用猪、牛、羊齐全的三牲作祭品；让女巫师和男祝师二人一起跳舞，祭祀的玉器用一块玉璧。

中次十一经

荆山、翼望山

【原文】

中次一十一山荆山之首，曰翼望之山。湍水出焉，东流注于济；贶水[1]出焉，东南流注于汉，其中多蛟。其上多松柏，其下多漆梓，其阳多赤金，其阴多珉。

【注释】

①贶（kuàng）水：水名。

【译文】

中央第十一列山系荆山山系的第一座山，名为翼望山。湍水从这座山发源，向东流入济水；贶水也从这座山发源，向东南流入汉水，水中有很多蛟。山上有很多松树和柏树，山下有很多漆树和梓树，山南面蕴藏着丰富的赤金，山北面蕴藏着丰富的珉石。

朝歌山

【原文】

又东北一百五十里，曰朝歌之山，溛水出焉，东南流注于荥，其中多人鱼。其上多梓楠，其兽多麢麋。有草焉，名曰莽草，可以毒鱼。

【译文】

再往东北一百五十里，有山名为朝歌山，溛水从这座山发源，向东南流入荥水，水中有很多人鱼。山上有茂密的梓树、楠木，山中生活的野兽以羚羊、麋鹿居多。山中有一种草，名为莽草，会毒死鱼。

帝囷山

【原文】

又东南二百里，曰帝囷之山，其阳多㻬琈之玉，其阴多铁。帝囷之水出于其上，潜于其下，多鸣蛇。

【译文】

再往东南二百里，有山名为帝囷山，山南面蕴藏着丰富的㻬琈玉，山北面蕴藏着丰富的铁。帝囷水从这座山顶上发源，潜流到山底，水中有很多鸣蛇。

视山

【原文】

又东南五十里，曰视山，其上多韭。有井焉，名曰天井，夏有水，冬竭。其上多桑，多美垩金玉。

【译文】

再往东南五十里，有山名为视山，山上有很多野韭菜。山中有一口井，名为天井，夏天有水，冬天枯竭。山上有许多桑树，还蕴藏着丰富的优良垩土、金矿、玉石。

前山

【原文】

又东南二百里，曰前山，其木多櫧，多柏，其阳多金，其阴多赭。

【译文】

再往东南二百里，有山名为前山，其中的树以槠树居多，还有许多柏树，山的南面蕴藏着丰富的金属，山的北面蕴藏着丰富的赭石。

丰山

【原文】

又东南三百里，曰丰山，有兽焉，其状如蝯，赤目、赤喙、黄身，名曰雍和，见则国有大恐。神耕父[①]处之，常游清泠之渊，出入有光，见则其国为败。有九钟焉，是和霜鸣。其上多金，其下多榖柞杻橿。

【注释】

①耕父：古代传说中的神名，有一种说法认为是旱鬼。

【译文】

再往东南三百里，有山名为丰山，山中生活着一种野兽，长得类似猿猴，却有红色的眼睛、红色的嘴巴、黄色的身体，名为雍和，这种野兽出现在哪个国家，哪个国家就会发生恐慌。神仙耕父住在这座山中，他经常在清泠渊游玩，出入的时候都伴随着光芒。耕父出现在哪个国家，哪个国家就会败落。山中有九口钟，对应降霜的时候鸣响。山上蕴藏着丰富的金属，山下有许多构树、柞树、杻树、橿树。

兔床山

【原文】

又东北八百里，曰兔床之山，其阳多铁，其木多槠[①]芧[②]，其草多鸡谷[3]，其本如鸡卵，其味酸甘，食者利于人。

【注释】

①槠（zhū）：槠树。常绿乔木，叶长椭圆形，花黄绿色，果实球形。木材坚硬，可制器具。

②芧（xù）：芧树，即橡树，栎树的一种。

③鸡谷：鸡谷草。

【译文】

再往东北八百里，有山名为兔床山，山南面蕴藏着丰富的铁，山里的树以槠树和芧树居多，草主要是鸡谷草，鸡谷草的根茎像鸡蛋，味道酸中带甜，吃了以后对身体很有裨益。

皮山

【原文】

又东六十里，曰皮山，多垩，多赭，其木多松柏。

【译文】

再往东六十里，有山名为皮山，山上蕴藏着丰富的垩土，还有丰富的赭石，山上的树木以松树和柏树居多。

瑶碧山

【原文】

又东六十里，曰瑶碧之山，其木多梓楠，其阴多青雘，其阳多白金。有鸟焉，其状如雉，恒食蜚[1]，名曰鸩。

【注释】

①蜚（fěi）：一种有害的小飞虫，有恶臭。

【译文】

再往东六十里，有山名为瑶碧山，山上的树以梓树和楠树居多，山的北面蕴藏着丰富的青雘，山的南面蕴藏着丰富的白金。山中有一种鸟，长得类似普通的野鸡，常吃蜚虫，名为鸩。

攻离山

【原文】

又东四十里，曰攻离之山，淯水出焉，南流注于汉。有鸟焉，其名曰婴勺，其状如鹊，赤目、赤喙、白身，其尾若勺，共鸣自呼。多㸲牛，多羬羊。

【译文】

再往东四十里，有山名为攻离山。淯水从这座山发源，向南流入汉水。山中有一种鸟，名为婴勺，长得类似普通的喜鹊，却有红色的眼睛和嘴巴、白色的身体，尾巴的外形像酒勺，发出的叫声就是自己名字的读音。这座山中还有很多㸲牛、羬羊。

祑篙山

【原文】

又东北五十里，曰祑篙[1]之山，其上多松柏机桓。

【注释】

①秩蔄（diāo）：古山名。

【译文】

再往东北五十里，有山名为秩蔄山，山上有许多松树、柏树、栌树、桓树。

堇理山

【原文】

又西北一百里，曰堇理之山，其上多松柏，多美梓，其阴多丹雘，多金，其兽多豹虎。有鸟焉，其状如鹊，青身白喙，白目白尾，名曰青耕，可以御疫，其鸣自叫。

【译文】

再往西北一百里，有山名为堇理山，山上有许多松树和柏树，以及美丽的梓树，山的北面蕴藏着丰富的青雘，并且蕴藏着丰富的金属，山中生活的野兽以豹子和老虎居多。山中有一种鸟，长得类似普通的喜鹊，却是青色的身体，白色的嘴巴、眼睛和尾巴，名为青耕，人类饲养这种鸟可以避免瘟疫，青耕的叫声就是自己名字的读音。

依轱山

【原文】

又东南三十里，曰依轱之山，其上多杻橿，多苴。有兽焉，其状如犬，虎爪有甲，其名曰獜[1]，善駚坌[2]，食者不风。

【注释】

①獜（lìn）：传说中的一种野兽。

②駚坌（yāng fèn）：奔跑跳跃的意思。

【译文】

再往东南三十里，有山名为依轱山，山上有许多杻树和橿树，以及许多柤树。山中有一种野兽，长得类似普通的狗，却长着老虎一样的爪子，身上有鳞甲，名为獜，这种野兽擅长奔跑跳跃，人如果吃了它的肉，就可以不患风痹病。

即谷山

【原文】

又东南三十五里，曰即谷之山，多美玉，多玄豹，多闾麈，多麢臭。其阳多珉，其阴多青雘。

【译文】

再往东南三十五里，有山名为即谷山，山上蕴藏着丰富的玉石，有很多黑豹，还有很多山驴和麈，以及很多羚羊和臭。山的南面蕴藏着丰富的珉石，山的北面蕴藏着丰富的青雘。

鸡山

【原文】

又东南四十里，曰鸡山，其上多美梓，多桑，其草多韭。

【译文】

再往东南四十里，有山名为鸡山，山上有很多优良的梓树，还有茂密的桑树，草以野韭菜居多。

高前山

【原文】

又东南五十里，曰高前之山，其上有水焉，甚寒而清，帝台之浆也，饮之者不心痛。其上有金，其下有赭。

【译文】

再往东南五十里，有山名为高前山，这座山上有一条溪水，水冰凉而且清澈，是神仙帝台所用过的浆水，人如果喝了这里的水，就不会得心痛的疾病。山上蕴藏着金属，山下蕴藏着赭石。

游戏山

【原文】

又东南三十里，曰游戏之山，多杻、橿、穀，多玉，多封石。

【译文】

再往东南三十里，有山名为游戏山，这里有很多杻树、橿树、构树，还蕴藏着丰富的玉石、封石。

从山

【原文】

又东南三十五里，曰从山，其上多松柏，其下多竹。从水出于其上，潜于其下，其中多三足鳖，枝尾，食之无蛊疫。

【译文】

再往东南三十五里，有山名为从山，山上有许多松树和柏树，山下有茂密的竹丛。从水由这座山顶上发源，一直潜流到山底，水中有许多三足鳖，它们长着分叉的尾巴，人吃了三足鳖的肉可以不得疑心病。

婴硜山

【原文】

又东南三十里，曰婴硜[①]之山，其上多松柏，其下多梓櫄[②]。

【注释】

①婴硜（zhēn）：古山名。

②櫄（chūn）：古同“椿”，又叫杶树。

【译文】

再往东南三十里，有山名为婴硜山，山上有许多松树和柏树，山下有丰富的梓树、櫄树。

毕山

【原文】

又东南三十里，曰毕山，帝苑之水出焉，东北流注于潒，其中多水玉，多蛟。其上多㻬琈之玉。

【译文】

再往东南三十里，有山名为毕山。帝苑水从这座山发源，向东北流入潒水，水中蕴藏着丰富的水晶石，还生活着很多蛟。山上蕴藏着丰富的㻬琈玉。

乐马山

【原文】

又东南二十里，曰乐马之山，有兽焉，其状如彙，赤如丹火，其名曰狼[①]，见则其国大疫。

【注释】

①狼（lì）：传说中的野兽。

【译文】

再往东南二十里，有山名为乐马山，山中生活着一种野兽，长得类似普通的刺猬，全身赤红如丹火，名为狼，出现这种野兽的国家将会发生大瘟疫。

葴山

【原文】

又东南二十五里，曰葴山，涻水[①]出焉，东南流注于汝水，其中多人鱼，多蛟，多颉[②]。

【注释】

①涻（qìn）水：古水名。

②颉（xié）：水獭。

【译文】

再往东南二十五里，有山名为葴山，涻水从这座山发源，向东南流入汝水，水中有很多人鱼，很多蛟，以及很多水獭。

婴山

【原文】

又东四十里，曰婴山，其下多青雘，其上多金玉。

【译文】

再往东四十里，有山名为婴山，山下蕴藏着丰富的青雘，山上蕴藏着丰富的金属和玉石。

虎首山

【原文】

又东三十里，曰虎首之山，多苴椆[①]椐。

【注释】

①椆(diāo)：椆木是一种极为珍稀的木材。木色红黄，木质肌理细腻，是上等家具木材。

【译文】

再往东三十里，有山名为虎首山，有许多柤树、椆树、椐树。

婴侯山

【原文】

又东二十里，曰婴侯之山，其上多封石，其下多赤锡。

【译文】

再往东二十里，有山名为婴侯山，山上蕴藏着丰富的封石，山下有许多红色锡土。

大孰山

【原文】

又东五十里，曰大孰之山，杀水出焉，东北流注于溹水，其中多白垩。

【译文】

再往东五十里，有山名为大孰山，杀水从这座山发源，向东北流入溹水，水里蕴藏着丰富的白色垩土。

卑山

【原文】

又东四十里，曰卑山，其上多桃李苴梓，多纍[①]。

【注释】

①纍（lěi）：一种蔓生植物，古人说是一种类似虎豆的植物。

【译文】

再往东四十里，有山名为卑山，山上生长了很多桃树、李树、柤树、梓树，以及纍。

倚帝山

【原文】

又东三十里，曰倚帝之山，其上多玉，其下多金。有兽焉，状如鼣鼠[①]，白耳白喙，名曰狙如，见则其国有大兵。

【注释】

①鼣（fèi）鼠：传说中的鼠名，有说可能是鼷鼠。

【译文】

再往东三十里，有山名为倚帝山，山上蕴藏着丰富的玉石，山下蕴藏着丰富的金属。山中有一种野兽，长得类似鼣鼠，长着白色的耳朵和嘴巴，名为狙如，它在哪个国家出现，哪个国家就会发生大规模的战争。

鲵山

【原文】

又东三十里，曰鲵山，鲵水出于其上，潜于其下，其中多美垩。其上多金，其下多青雘。

【译文】

再往东三十里，有山名为鲵山，鲵水从这座山顶上发源，一直潜流到山底，山中蕴藏着很多质地优良的垩土。山上蕴藏着丰富的金属，山下蕴藏着青雘。

雅山

【原文】

又东三十里，曰雅山，澧水出焉，东流注于视水，其中多大鱼。其上多美桑，其下多苴，多赤金。

【译文】

再往东三十里，有山名为雅山。澧水从这座山发源，向东流入视水，水中有很多大鱼。山上有许多优良的桑树，山下有丰富的柤树，山里蕴藏着丰富的赤金。

宣山

【原文】

又东五十五里，曰宣山，沦水出焉，东南流注于滐水，其中多蛟。其上有桑焉，大五十尺，其枝四衢，其叶大尺余，赤理黄华青柎，名曰帝女之桑。

【译文】

再往东五十里，有山名为宣山，沦水从这座山发源，向东南流入潾水，水中有很多蛟。山上有一种桑树，树干合抱有五十尺粗，树枝交错伸向四方，树叶直径有一尺多，这种树有红色的纹理、黄色的花和青色的花萼，名为帝女桑。

衡山

【原文】

又东四十五里，曰衡山，其上多青雘，多桑，其鸟多鸜鹆。

【译文】

再往东四十五里，有山名为衡山，山上蕴藏着丰富的青雘，还有许多桑树，这里的鸟类以八哥居多。

丰山

【原文】

又东四十里，曰丰山，其上多封石，其木多桑，多羊桃，状如桃而方茎，可以为皮张[①]。

【注释】

①皮张：皮肤松弛浮肿的状况。

【译文】

再往东四十里，有山名为丰山，山上蕴藏着丰富的封石，山上的树木以桑树居多，还有许多羊桃，长得类似普通的桃树，茎杆却是方形的，这种植物可以治疗皮肤浮肿松弛。

妪山

【原文】

又东七十里，曰妪山，其上多美玉，其下多金，其草多鸡谷。

【译文】

再往东七十里，有山名为妪山，山上蕴藏着丰富的优良玉石，山下蕴藏着丰富的金属，山上的草以鸡谷草居多。

鲜山

【原文】

又东三十里，曰鲜山，其木多楢、杻、苴，其草多亹冬，其阳多金，其阴多铁。有兽焉，其状如膜犬①，赤喙、赤目、白尾，见则其邑有火，名曰狢即②。

【注释】

①膜犬：西膜之犬。一种体形高大，生性凶悍，皮毛浓密的大型犬。

②狢（yí）即：传说中的一种野兽。

【译文】

再往东三十里，有山名为鲜山，山上的树木以楢树、杻树、柤树居多，草以蔷薇居多，山的南面蕴藏着丰富的金属，山的北面蕴藏着丰富的铁。山中生活着一种野兽，长得类似膜犬，长着红色的嘴巴、红色的眼睛，以及白色的尾巴，这种野兽出现的地方会有火灾发生，它名叫㺄即。

皋山

【原文】

又东三十里，曰皋山，其阳多金，其阴多美石。皋水出焉，东流注于澧水，其中多脃石[①]。

【注释】

①脃（cuì）石：脃，古同“脆”。一种又轻又脆，很容易碎的石头。

【译文】

再往东三十里，有山名为皋山，山南面蕴藏着丰富的金属，山北面蕴藏着丰富的漂亮石头。皋水从这座山发源，向东流入澧水，水中有许多脃石。

大支山

【原文】

又东二十五里，曰大支之山，其阳多金，其木多榖柞，无草。

【译文】

再往东二十五里，有山名为大支山，山的南面蕴藏着丰富的金属，山上的树以构树和柞树居多，没有花草。

区吴山

【原文】

又东五十里，曰区吴之山，其木多苴。

【译文】

再往东五十里，有山名为区吴山，山上的树以柤树居多。

声匈山

【原文】

又东五十里，曰声匈之山，其木多榖，多玉，上多封石。

【译文】

再往东五十里，有山名为声匈山，山上有许多构树，蕴藏着丰富的玉石，山上还蕴藏着丰富的封石。

大騩山

【原文】

又东五十里，曰大騩之山，其阳多赤金，其阴多砥石。

【译文】

再往东五十里，有山名为大騩山，山的南面蕴藏着丰富的赤金，山的北面蕴藏着丰富的细磨石。

踵臼山

【原文】

又东十里，曰踵臼之山，无草木。

【译文】

再往东十里，有山名为踵臼山，山上没有花草树木。

历石山

【原文】

又东北七十里，曰历石之山，其木多荆芑，其阳多黄金，其阴多砥石。有兽焉，其状如狸，而白首虎爪，名曰梁渠，见则其国有大兵。

【译文】

再往东北七十里，有山名为历石山，山上的树以荆和枸杞居多，山的南面蕴藏着丰富的黄金，山的北面蕴藏着丰富的细磨石。山中生活着一种野兽，长得类似野猫，脑袋是白色的，爪子像老虎，名为梁渠，这种野兽出现在哪个国家，哪个国家就会发生大的战争。

求山

【原文】

又东南一百里，曰求山，求水出于其上，潜于其下，中有美赭。

其木多苴，多䉋。其阳多金，其阴多铁。

【译文】

再往东南一百里，有山名为求山，求水从山顶发源，一直潜流到山底，山上蕴藏着很多优良赭石。山中到处是柤树，还有很多䉋竹。山的南面蕴藏着丰富的金属，山的北面蕴藏着丰富的铁。

丑阳山

【原文】

又东二百里，曰丑阳之山，其上多椆椐。有鸟焉，其状如乌而赤足，名曰駅鵌[①]，可以御火。

【注释】

①駅鵌（zhǐ tú）：鸟名。

【译文】

再往东二百里，有山名为丑阳山，山上有很多椆树和椐树。山中有一种鸟，长得类似普通的乌鸦，爪子却是红色的，名为駅鵌，饲养这种鸟可以避免火灾。

奥山

【原文】

又东三百里，曰奥山，其上多柏杻橿，其阳多㻬琈之玉。奥水出焉，东流注于视水。

【译文】

再往东三百里，有山名为奥山，山上有许多柏树、杻树、橿树，山南面蕴藏着丰富的㻬琈玉。奥水从这座山发源，向东流入视水。

服山

【原文】

又东三十五里，曰服山，其木多苴，其上多封石，其下多赤锡。

【译文】

再往东三十五里，有山名为服山，山上的树以柤树居多，山上蕴藏着丰富的封石，山下蕴藏着丰富的红色锡土。

杳山

【原文】

又东百十里，曰杳山，其上多嘉荣草，多金玉。

【译文】

再往东一百一十里，有山名为杳山，山上到处是嘉荣草，还蕴藏着丰富的金属和玉石。

凡山

【原文】

又东三百五十里，曰凡山，其木多楢檀杻，其草多香。有兽焉，其状如彘，黄身、白头、白尾，名曰闻豨[①]，见则天下大风。

【注释】

①闻豨（líng）：传说中的野兽。

【译文】

再往东三百五十里，有山名为凡山，山上的树以楢树、檀树、杻树居多，草类主要是各种香草。山中生活着一种野兽，长得类似普通的猪，身体是黄色的，脑袋和尾巴都是白色的，名为闻豨，这种野兽一出现，天下就会起大风。

中次十一经 总结

【原文】

凡荆山之首，自翼望之山至于凡山，凡四十八山，三千七百三十二里。其神状皆彘身人首。其祠：毛用一雄鸡祈，瘗用一珪，糈用五种之精。禾山，帝也，其祠：太牢之具，羞瘗，倒毛，用一璧。牛无常。堵山、玉山，冢也，皆倒祠，羞用少牢，婴用吉玉。

【译文】

纵观荆山山系的首尾，从翼望山开始到凡山为止，一共有四十八座山，途经三千七百三十二里。这些山的山神都长着猪的身体、人的脑袋。祭祀这些山神的方式是：在有毛的生物中选取一只公鸡作为祭品，祭祀后埋入地下，祭祀的玉器选用一块玉珪，祀神的米用黍、稷、稻、粱、麦五种谷物。禾山是诸山的首领，祭祀禾山山神的方式是：在有毛的生物选取猪、牛、羊齐全的三牲作为祭品，祭祀之后埋入地下，而且都要倒放掩埋，祀神的玉器选用一块玉璧。虽然用太牢礼，但也不必每次都准备一只牛。堵山、玉山是诸山的宗主，祭祀结束后也要把祭品倒着掩埋，祭祀用的祭品是猪、羊，祀神的玉器要用一块吉玉。

中次十二经

洞庭山 篇遇山

【原文】

中次十二山洞庭山之首，曰篇遇之山，无草木，多黄金。

【译文】

中央第十二列山系洞庭山山系的第一座山，名为篇遇山，山上没有花草树木，蕴藏着丰富的黄金。

云山

【原文】

又东南五十里，曰云山，无草木，有桂竹，甚毒，伤人必死。其上多黄金，其下多㻬琈之玉。

【译文】

再往东南五十里，有山名为云山，山上没有花草树木，但有一种桂竹，有剧毒，人被其枝叶刺伤就一定会死。山上蕴藏着丰富的黄金，山下蕴藏着丰富的㻬琈玉。

龟山

【原文】

又东南一百三十里，曰龟山，其木多穀柞椆椐，其上多黄金，其下多青、雄黄，多扶竹。

【译文】

再往东南一百三十里，有山名为龟山，这里的树以构树、柞树、椆树、椐树居多，山上蕴藏着丰富的黄金，山下蕴藏着丰富的石青、雄黄，还有很多扶竹。

丙山

【原文】

又东七十里，曰丙山，多筀竹[1]，多黄金铜铁，无木。

【注释】

①筀（guì）竹：桂竹。

【译文】

再往东七十里，有山名为丙山，山上有许多桂竹，还蕴藏着丰富的黄金、铜、铁，但山上没有树木。

风伯山

【原文】

又东南五十里，曰风伯之山，其上多金玉，其下多痠石[1]、文石，多铁，其木多柳、杻、檀、楮。其东有林焉，曰莽浮之林，多美木鸟兽。

【注释】

①痠（suān）石："痠"古同"酸"。这种石头具体不详。

【译文】

再往东南五十里，有山名为风伯山，山上蕴藏着丰富的金属和玉石，山下蕴藏着丰富的痠石、五颜六色花纹的石头，以及铁，这里的树以柳树、杻树、檀树、构树居多。在风伯山东面有一片树林，名为莽浮林，林中有许多美丽的树木和飞禽走兽。

夫夫山

【原文】

又东一百五十里，曰夫夫之山，其上多黄金，其下多青、雄黄，其木多桑楮，其草多竹、鸡鼓。神于儿居之，其状人身而手操两蛇，常游于江渊，出入有光。

【译文】

再往东一百五十里，有山名为夫夫山，山上蕴藏着丰富的黄金，山下蕴藏着丰富的石青、雄黄，这里的树以桑树、构树居多，而草以竹子和鸡谷草居多。神仙于儿住在这座山里，他长着人的身体，手中握着两条蛇，总是在长江水的深渊中游玩，出没的时候都有光芒伴随。

洞庭山

【原文】

又东南一百二十里，曰洞庭之山，其上多黄金，其下多银铁，其木多柤、梨、橘、櫾，其草多葌、蘪芜①、芍药、芎䓖②。帝之二女居之，是常游于江渊。澧沅之风，交潇湘之渊，是在九江之间，出入必以飘风暴雨。是多怪神，状如人而载蛇，左右手操蛇。多怪鸟。

【注释】

①蘪芜（mí wú）：蘼芜，一种香草，可以入药。

②芎䓖（xiōng qióng）：一种中药植物，可以医治头风头痛。

【译文】

再往东南一百二十里，有山名为洞庭山，山上蕴藏着丰富的黄金，山下蕴藏着丰富的银和铁，这里的树以柤树、梨树、橘子树、柚子树居多，草以兰草、蘪芜、芍药、芎䓖等香草居多。天帝的两个女儿住在这座山中，她们经常在长江水的深渊中游玩。澧水和沅水吹来的风，在幽深的湘水渊上交汇，这里正是九条江水汇合的地方，天帝之女们出入的时候都会有疾风暴雨伴随。这座山里还住着很多奇怪的神，长得像人，但是身上都缠绕着蛇，左右双手也都握着蛇。山里还有很多怪鸟。

暴山

【原文】

又东南一百八十里，曰暴山，其木多棕、楠、荆、芑、竹、箭、䉋、箘[①]，其上多黄金、玉，其下多文石、铁，其兽多麋、鹿、麐[②]、就[③]。

【注释】

①箘：一种小山竹，可以用来制作箭杆。

②麐（jǐ）：同“麂”，一种小型鹿，俗称麂子。

③就：鹫，大型猛禽。

【译文】

再往东南一百八十里，有山名为暴山，山里的树以棕树、楠树、牡荆树、枸杞树和竹子、箭竹、籋竹、箘竹居多，山上蕴藏着丰富的黄金和玉石，山下蕴藏着丰富的、五彩斑斓的漂亮石头和铁，山中生活的野兽以麋鹿、鹿、麂居多，鸟类主要是鹫鹰。

即公山

【原文】

又东南二百里，曰即公之山，其上多黄金，其下多㻬琈之玉，其木多柳、杻、檀、桑。有兽焉，其状如龟，而白身赤首，名曰蛫[①]，是可以御火。

【注释】

①蛫（guǐ）：传说的一种野兽。

【译文】

再往东南二百里，有山名为即公山，山上蕴藏着丰富的黄金，山下蕴藏着丰富的㻬琈玉，这里的树以柳树、杻树、檀树、桑树居多。山中生活着一种野兽，长得类似普通的乌龟，身体是白色的，脑袋是红色的，名为蛫，饲养这种野兽可以避免火灾。

尧山

【原文】

又东南一百五十九里，有尧山，其阴多黄垩，其阳多黄金，其木多荆、芑、柳、檀，其草多藷、䓘、茱。

【译文】

再往东南一百五十九里，有山名为尧山，山的北面蕴藏着丰富的黄色垩土，山的南面蕴藏着丰富的黄金，这里的树以牡荆树、枸杞树、柳树、檀树居多，草类中最多的是山药、苍术。

江浮山

【原文】

又东南一百里，曰江浮之山，其上多银、砥砺，无草木，其兽多豕鹿。

【译文】

再往东南一百里，有山名为江浮山，山上蕴藏着丰富的银和磨石，没有花草树木，山中的野兽以野猪和鹿居多。

真陵山

【原文】

又东二百里，曰真陵之山，其上多黄金，其下多玉，其木多榖、柞、柳、杻，其草多荣草。

【译文】

再往东二百里，有山名为真陵山，山上蕴藏着丰富的黄金，山下蕴藏着丰富的玉石，山上的树以构树、柞树、柳树、杻树居多，草类中最多的是可以医治风痹病的荣草。

阳帝山

【原文】

又东南一百二十里，曰阳帝之山，多美铜，其木多橿、杻、檿[1]、楮，其兽多麢、麝。

【注释】

①檿（yǎn）：山桑，一种野生桑树。

【译文】

再往东南一百二十里，有山名为阳帝山，山上蕴藏着大量优质的铜，树以橿树、杻树、山桑树、构树居多，野兽以羚羊和香獐子居多。

柴桑山

【原文】

又南九十里，曰柴桑之山，其上多银，其下多碧，多泠石、赭，其木多柳芑楮桑，其兽多麋鹿，多白蛇、飞蛇[1]。

【注释】

①飞蛇：腾蛇。传说中可以飞行的蛇，属于龙的一类。

【译文】

再往南九十里，有山名为柴桑山，山上蕴藏着丰富的银，山下蕴藏着丰富的碧玉，山上有很多柔软如泥的泠石、赭石，树以柳树、栒杞树、构树、桑树居多，野兽以麋鹿、鹿居多，还有许多白蛇和飞蛇。

荣余山

【原文】

又东二百三十里，曰荣余之山，其上多铜，其下多银，其木多柳芑，其虫多怪蛇、怪虫。

【译文】

再往东二百三十里，有山名为荣余山，山上蕴藏着丰富的铜，山下蕴藏着丰富的银，树以柳树、栒杞树居多，虫类多是怪蛇和怪虫。

中次十二经 总结

【原文】

凡洞庭山之首，自篇遇之山至于荣余之山，凡十五山，二千八百里。其神状皆鸟身而龙首。其祠：毛用一雄鸡、一牝豚钊，糈用稌。凡夫夫之山、即公之山、尧山、阳帝之山，皆冢也，其祠：皆肆瘗，祈用酒，毛用少牢，婴用一吉玉。洞庭、荣余山，神也，其祠：皆肆瘗，祈酒太牢祠，婴用圭璧十五，五采惠[①]之。

右中经之山，大凡百九十七山，二万一千三百七十一里。

大凡天下名山五千三百七十，居地，大凡六万四千五十六里。

【注释】

①惠：这里通“绘”，描绘的意思。

【译文】

纵观洞庭山山系的首尾，从篇遇山开始到荣余山为止，一共有十五座山，途经两千八百里。这些山的山神都长着鸟的身体、龙的头。祭祀这些山神的方式是：从有毛生物中选取一只公鸡和一头母猪宰杀后作为祭品，祭祀神的米用稻米。夫夫山、即公山、尧山、阳帝山，这几座山是诸山的宗主，祭祀这几位山神的方式是：陈列牲畜、玉器等祭品，之后埋入地下，祭祀要用美酒供奉，在有毛生物中选取猪和羊作为祭品，祀神的玉器要用吉玉。洞庭山、荣余山，是有神仙居住的，祭祀这两座山的方式是：陈列牲畜、玉器等祭品，结束后埋入地下，祭祀要献祭美酒还有猪、牛、羊齐全的三牲，祀神的玉器要用十五块玉圭和十五块玉璧，用青、黄、赤、白、黑五种颜色描绘它们。

中央这一系列山，总共有一百九十七座，途经两万一千三百七十一里。

天下所有名山一共有五千三百七十座，分布在大地的各个方位，总长六万四千零五十六里。

五臧山经[①]

【原文】

禹曰：天下名山，经五千三百七十山，六万四千五十六里，居地也。言其《五臧》[①]，盖其余小山甚众，不足记云。天地之东西二万八千里，南北二万六千里，出水者八千里，受水者八千里，出铜之山四百六十七，出铁之山三千六百九十。此天地之所分壤树谷也，戈矛之所发也，刀铩[②]之所起也，能者有余，拙者不足。

封[3]于太山，禅[4]于梁父，七十二家，得失之数，皆在此内，是谓国用。

右《五臧山经》五篇，大凡一万五千五百三字。

【注释】

①五臧：五脏，臧通“脏”，这里用来比喻《五臧山经》中记载的一些重要的大山，如同身体的五脏一样重要。据考证，本段文字原不属于《山海经》，是先秦的人添加上去的。

②铩（shā）：古代的一种兵器。由铍（pí）演变而成。

③封：古代帝王在泰山上筑坛祭天的仪式称为“封”。

④禅（shàn）：古代帝王在泰山南面的梁父山祭祀大地的仪式称为“禅”。

【译文】

大禹说：天下的名山，我经过五千三百七十座，一共走过了六万四千零五十六里路，这些山分布在大地东南西北各个方向。只把以上的山记录在《五臧山经》中，是因为其他小山实在太多了，无法一一记载。天地之间，从东到西有两万八千里，从南到北有二万六千里，有江河发源的山一共八千里，有江河流过的山一共八千里，山上蕴藏着铜的山共有四百六十七座，蕴藏着铁的山共有三千六百九十座。这些大山是大地划分疆土、种植庄稼的很好标准，也是天下兵器产生的原因，所有武器出现的来源，有能力的人群占领这些资源会觉得绰绰有余，无能力的人占有这些就会觉得不足够。在泰山举行过祭天仪式，在梁父山举行过祭地仪式的君主一共有七十二位，他们的兴衰成败，都在这里上演，所以说国家需要的资源，也都在这里。

综上所述，《五臧山经》一共五篇，总计一万五千五百零三字。

海外南经

前言

【原文】

地之所载，六合[①]之间，四海之内，照之以日月，经之以星辰，纪之以四时[②]，要之以太岁[③]。神灵所生，其物异形，或夭或寿，唯圣人能通其道。

【注释】

①六合：常用于指上下和东南西北四方，泛指天地或宇宙。

②四时：指春夏秋冬四个季节。

③太岁：太岁即岁星、木星的神格。

【译文】

大地所负载的，包括天下六个方向之间，四海以内，都有太阳与月亮的光辉照耀着，有无数星辰运行着，还有春夏秋冬四个季节来记载，有木星的运转来记年。万物都是神灵所化生，形态各异不尽相同，有的夭折，有的长寿，只有圣人才能领悟其中的天道。

结匈国

【原文】

海外自西南陬[①]至东南陬者。结匈[②]国在其[③]西南，其为人结匈。

【注释】

①陬（zōu）：这里指角。

②结匈：匈通“胸”，这里结匈指的是鸡胸。

③其：这里的其指的是灭蒙鸟。灭蒙鸟是中国古代神话传说中的怪鸟，出自《山海经》。在结匈国的北边，多个国家以灭蒙鸟来标识地理位置。在《海外西经》中会讲到，这里可能是古人编排顺序的关系，还没提及。

【译文】

海外从西南角到东南角的地理风俗与国家等情况如下所述。结匈国在灭蒙鸟的西南方，这个国家的人都有凸出的胸骨。

南山

【原文】

南山在其东南。自此山来，虫为蛇，蛇号为鱼。一曰南山在结匈东南。比翼鸟在其东，其为鸟青、赤，两鸟比翼。一曰在南山东。

【译文】

南山在灭蒙鸟的东南方。这座山里出来的人，把虫子称为蛇，把蛇称为鱼。也有说南山在结匈国的东南方。比翼鸟在灭蒙鸟的东方，这种鸟有青红相间的羽毛，两只鸟合在一起，翅膀配合才能飞翔。另有一种说法认为比翼鸟在南山的东方。

羽民国

【原文】

羽民国在其东南，其为人长头，身生羽。一曰在比翼鸟东南，其为人长颊。有神人二八，连臂，为帝司夜[①]于此野。在羽民东。其为人小颊赤肩。毕方鸟在其东，青水西，其为鸟一脚。一曰在

比翼鸟

二八[②]神东。

【注释】

①司夜：主管夜间的报时。

②二八：一种说法是指神人二八十六人，另一种说法是这些神人统称二八，这里选用前者。

【译文】

羽民国在灭蒙鸟的东南方，这个国家的人头很长，身体上长满羽毛。另一种说法认为羽民国在比翼鸟的东南方，那里的人脸颊都很长。有一些神人统称为二八，他们的手臂是互相连在一起的，负责为天帝巡视着这片原野，在夜晚报时。神人二八位于羽民国的东方。他们都有小小的脸颊和红色的肩膀。毕方鸟在羽民国的东方，在青水的西方，毕方鸟只有一只脚。也有说法认为毕方鸟在二八神人的东方。

讙头国

【原文】

讙头国[①]在其[②]南，其为人人面有翼，鸟喙，方捕鱼[③]。一曰在毕方东。或曰讙朱国。

【注释】

①讙（huān）头国：传说中的国家名。

②其：“海外南经”这一部分的“其”指的是作为定位的灭蒙鸟。

③方捕鱼：正在捕鱼。这里说明《山海经》原文是有插图的，这段文字是根据画面描述。

【译文】

讙头国在灭蒙鸟的南方，这个国家的人虽然是人的面孔，却长有翅膀、鸟嘴，正在捕鱼。也有说讙头国在毕方鸟的东方。还有人说讙头国应是叫讙朱国。

厌火国

【原文】

厌火国在其国南，兽身黑色，火出其口中。一曰在讙朱东。

三株树在厌火北，生赤水上，其为树如柏，叶皆为珠。一曰其为树若彗。

【译文】

厌火国在灭蒙鸟的南方，这个国家的人都是野兽的身体，通体黑色，他们的嘴巴里可以直接吐出火焰。也有说厌火国在讙朱国的东方。三株树在厌火国的北方，生长在赤水边，长得像柏树，叶子都是珍珠。也有人说三株树的样子像扫把。

三苗国

【原文】

三苗国在赤水东，其为人相随。一曰三毛国。

【译文】

三苗国在赤水的东方，这个国家的人都是彼此跟随结伴行走。另有一种说法认为三苗国应是叫三毛国。

臷国

【原文】

臷国[1]在其东，其为人黄，能操弓射蛇。一曰臷国在三毛东。

【注释】

①臷（zhì）国：传说中的国家名。

【译文】

臷国在灭蒙鸟的东方，这个国家的人都是黄皮肤，能操纵弓箭射蛇。也有说臷国在三毛国的东方。

贯匈国

【原文】

贯匈国在其东，其为人匈有窍。一曰在臷国东。

【译文】

贯匈国在灭蒙鸟的东方，这个国家的人胸膛上都有一个洞。也有说贯匈国在臷国的东方。

交胫国

【原文】

交胫国在其东，其为人交胫。一曰在穿匈东。不死民在其东，其为人黑色，寿，不死。一曰在穿匈国[1]东。

【注释】

①穿匈国：即上文的贯匈国。

【译文】

交胫国在灭蒙鸟的东方，这个国家的人的腿脚是交叉的。另有一种说法认为交胫国在穿匈国的东方。不死民在灭蒙鸟的东方，这些人都是浑身黑色，不会死。还有一种说法认为不死民住在穿匈国的东方。

反舌国

【原文】

反舌①国在其东。其为人反舌。一曰支舌国，在不死民东。

【注释】

①反舌：舌尖伸向咽喉，舌根朝外。

【译文】

反舌国在灭蒙鸟的东方，这个国家的人舌根在前、舌尖伸向咽喉。也有一种说法认为这个国家应该叫支舌国，在不死民的东方。

昆仑虚

【原文】

昆仑虚①在其东，虚②四方。一曰在反舌东，为虚四方。

羿与凿齿③战于寿华之野，羿射杀之。在昆仑虚东。羿持弓矢，凿齿持盾。一曰持戈。

【注释】

①昆仑虚：昆仑山。

②虚：山丘的意思。

③羿与凿齿：都是神话中的天神。羿即后羿，传说中的神箭手。凿齿是半人半兽的巨人，牙齿像凿子，又长又坚硬。后羿受黄帝的命令，在昆仑山将凿齿射死。

【译文】

昆仑山在灭蒙鸟的东方，山形是四方形的。也有说昆仑山在反舌国的东方，山基四四方方。

羿与凿齿在寿华的荒野战斗，羿射死了凿齿。就在昆仑山的东边。在那次战斗中羿手拿弓箭，凿齿手拿盾牌。也有说凿齿是拿着戈的。

三首国

【原文】

三首国在其东，其为人一身三首。一曰在凿齿东。

【译文】

三首国在灭蒙鸟的东方，这个国家的人都是一个身体、三个头。还有一种说法认为它在凿齿的东方。

周饶国

【原文】

周饶国在其东，其为人短小，冠带。一曰焦侥国在三首东。

【译文】

周饶国在灭蒙鸟的东边，这个国家的人都很矮小，穿戴很讲究。也有说焦饶国在三首国的东方。

长臂国

【原文】

长臂国在其东，捕鱼水中，两手各操一鱼。一曰在焦饶[1]东，捕鱼海中。

【注释】

①焦饶：即上文的周饶国，周饶、焦饶都是侏儒的意思。

【译文】

长臂国在灭蒙鸟的东方，这个国家的人在水中捕鱼，两只手各抓一条鱼。也有一种说法认为长臂国在焦饶国的东方，在大海中捕鱼为生。

狄山

【原文】

狄山，帝尧[1]葬于阳，帝喾[2]葬于阴。爰有熊、罴、文虎、蜼、豹、离朱[3]、视肉[4]。吁咽[5]、文王[6]皆葬其所。一曰汤山。一曰爰有熊、罴、文虎、蜼、豹、离朱、鸱久[7]、视肉、虖交[8]。

有范林方三百里。

【注释】

①帝尧：传说中的古时期部落联盟首领尧，中华文明的“五帝”之一，从兄长帝挚那里继承帝位，并禅让于舜。尧是帝喾的儿子。

②帝喾（kù）：黄帝的曾孙，中华上古时期部落联盟首领，五帝之一。

③离朱：传说中三只脚的神鸟，住在太阳里。

④视肉：传说中的野兽，长得像牛肝，有两只眼睛，割了它的肉会马上长出来。

⑤吁咽（xū yè）：可能是指传说中的上古帝王虞舜。

⑥文王：指周文王姬昌。

⑦鸱（chī）久：类似猫头鹰的一种鸟。

⑧虖（hū）交：具体不详，查无考证。

【译文】

狄山，帝尧死后葬在这座山的南面，帝喾死后葬在这座山的北面。山里生活的生物有熊、罴、花斑虎、长尾猿、豹子、三足乌、视肉。吁咽、周文王也葬在这里。也有说是葬在汤山的。另有一种说法，认为山里有熊、罴、花斑虎、长尾猿、豹子、三足乌、鸱鹰、视肉、虖交。

有一片方圆三百里的范林。

祝融

【原文】

南方祝融[①]，兽身人面，乘两龙。

【注释】

①祝融：古代传说中大荒十神之一的火神。

【译文】

南方大神祝融，长着野兽的身体、人的面孔，驾驭着两条龙。

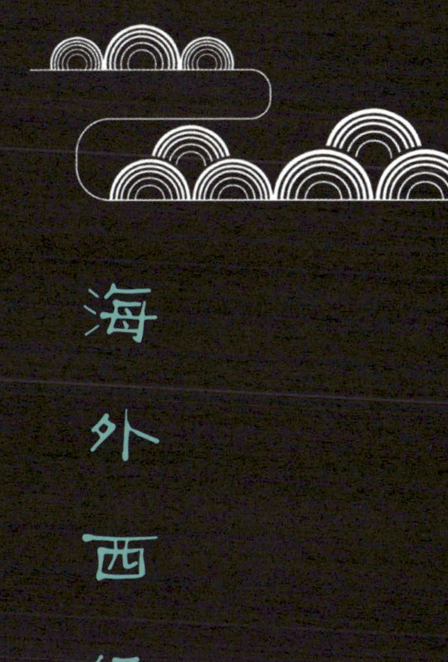

海外西经

灭蒙鸟

【原文】

海外自西南陬至西北陬者。

灭蒙鸟在结匈国北，为鸟青，赤尾。

大运山高三百仞，在灭蒙鸟北。

【译文】

海外从西南角到西北角的地理情况如下所述。

灭蒙鸟在结匈国的北方，这种鸟通体青色，尾巴是红色的。

大运山高三百仞，位于灭蒙鸟的北方。

大乐野

【原文】

大乐之野①，夏后启②于此儛《九代》③，乘两龙，云盖三层。左手操翳④，右手操环，佩玉璜。在大运山北。一曰大遗之野。

【注释】

①大乐之野：也叫大穆之野。

②夏后启：大禹的儿子，夏朝的第一代国君。夏后，即夏王。

③儛九代：跳《九代》舞。《九代》是乐曲名。

④翳（yì）：羽毛做的华盖。

【译文】

大乐野，是夏后启观看《九代》乐舞的地方，他驾驭着两条龙，有三层云雾在他的头上作为伞盖。他左手握着羽毛做的华盖，右手拿着玉环，佩戴着玉璜。大乐野在大运山的北方。也有一种说法认为夏后启观看《九代》舞的地方是大遗野。

三身国

【原文】

三身国在夏后启北，一首而三身。

【译文】

三身国在夏后启的北方，这个国家的人都有一个脑袋、三个身体。

一臂国

【原文】

一臂国在其北，一臂、一目、一鼻孔。有黄马虎文，一目而一手。

【译文】

一臂国在三身国的北方，这个国家的人都只有一条胳膊、一只眼睛、一个鼻孔。一臂国有一种黄色的马，长着老虎的斑纹，只有一只眼睛和一条前腿。

奇肱国

【原文】

奇肱之国在其北，其人一臂三目，有阴有阳[①]，乘文马[②]。有鸟焉，两头，赤黄色，在其旁。

【注释】

①有阴有阳：阴在上，阳在下。也就是说眼睛有上下的距离。

②文马：吉良马。这种马身体是白色的，鬃毛是红色的，眼睛是金色的。

【译文】

奇肱国在一臂国的北方。这个国家的人都是一条胳膊、三只眼睛，眼睛有的在上面，有的在下面，骑一种叫文马的坐骑。那里还有一种鸟，有两个脑袋，红黄色的身体，时常栖息在国民身旁。

刑天

【原文】

刑天[①]与帝争神，帝断其首，葬之常羊之山。乃以乳为目，以脐为口，操干戚[②]以舞。

【注释】

①刑天：传说一个没有头的勇猛的战神。

②干戚：干，即盾。戚，即斧。

【译文】

刑天与天帝争夺神位，天帝砍断了他的头，把他的头埋葬在常羊山。于是刑天化乳头为眼睛，化肚脐为嘴巴，拿着盾牌和大斧继续作战。

女祭、女戚

【原文】

女祭、女戚[①]在其北，居两水间。戚操鱼䱇[②]，祭操俎[③]。

䳢鸟、䳐鸟，其色青黄，所经国亡。在女祭北。䳢鸟人面，居山上。一曰维鸟，青鸟、黄鸟所集。

【注释】

①女祭、女戚：传说中的两名女巫。

②鱼䱇（dàn）：鱼形状的小酒器，古代礼器的一种。

③俎（zǔ）：古代祭祀时放祭品的器物。也有砧板的意思。

【译文】

女祭、女戚两名女巫住在刑天与天帝曾经交战处的北方，处在两条河水的中间。女巫戚拿着鱼形状的小酒器，女巫祭手里捧着俎器。䳢鸟、䳐鸟，它们的颜色都是青黄色的，凡是有这两种鸟经过的国家都会衰亡。这两种鸟住在女祭的北边。䳢鸟长了人的脸，居住在山上。另一种说法认为这两种鸟统称维鸟，是青色鸟、黄色鸟聚集在一起的混称。

丈夫国

【原文】

丈夫国[①]在维鸟北，其为人衣冠带剑。

女丑[②]之尸，生而十日炙杀之。在丈夫北。以右手鄣其面。十日居上，女丑居山之上。

【注释】

①丈夫国：全都是男人的国家。

②女丑：传说中的神明，女丑生前被十个太阳晒死了。

【译文】

丈夫国在维鸟的北方，这个国家的人穿戴都很讲究，随身携带宝剑。有女丑的尸体，她生前被十个太阳炙烤而死。女丑的尸体在丈夫国的北方。她死的时候用右手遮挡住了自己的脸。十个太阳高高挂在天上，女丑的尸体则在山顶上。

巫咸国

【原文】

巫咸国在女丑北，右手操青蛇，左手操赤蛇。在登葆山，群巫所从上下也。

并封在巫咸东，其状如彘，前后皆有首，黑。

【译文】

巫咸国在女丑尸体的北方，这个国家的人都是右手握一条青蛇，左手握一条红蛇。在登葆山上，有一群巫师来往沟通天上与下界。

一种叫并封的怪兽住在巫咸国的东方，这种怪兽长得像猪，身体的前后都有头，浑身黑色。

女子国

【原文】

女子国在巫咸北，两女子居，水周之。一曰居一门中。

【译文】

女子国在巫咸国的北方，有两个女子住在这里，四周都有水环绕。另一种说法认为她们住在一道门里面。

轩辕国

【原文】

轩辕之国在此穷山之际，其不寿者八百岁。在女子国北，人面蛇身，尾交首上。

【译文】

轩辕国在穷山的附近，这个国家的人就算是不长寿的也起码活八百岁。轩辕国在女子国的北方，国民都是人的面孔、蛇的身体，尾巴盘绕到头顶上。

穷山

【原文】

穷山在其北，不敢西射①，畏轩辕之丘。在轩辕国北，其丘方，四蛇相绕。

诸沃之野②，沃民是处，鸾鸟自歌，凤鸟自舞。凤皇③卵，民食之；甘露，民饮之，所欲自从也。百兽相与群居。在四蛇北。其人两手操卵食之，两鸟居前导之。

【注释】

①不敢西射：不敢向西射箭，因为西边是轩辕丘，他们敬畏黄帝的

凤皇

神灵。轩辕就是黄帝。

②诸沃之野：沃野。

③凤皇：凤凰。

【译文】

穷山在轩辕国的北方，这个国家的人拉弓射箭不敢向着西方射，因为他们敬畏黄帝威灵所在的轩辕丘。轩辕丘位于轩辕国北部，呈方形，有四条大蛇环绕。

有个地方叫沃野，沃野的人民住在那里，那里鸾鸟自在地歌唱，凤鸟自在地舞蹈；凤凰产下的卵，居民可以食用；上天降下的甘露，居民可以饮用，凡是这些人想要的，上天都会满足。人们与各种野兽居住在一起。这个地方在四条大蛇的北边。这个国家的人两只手拿着凤凰蛋吃，有两只鸟在前面引导。

龙鱼

【原文】

龙鱼陵居[①]在其北，状如鲤。一曰鰕[②]。即有神圣乘此以行九野[③]。一曰鳖鱼[④]在沃野北，其为鱼也如鲤。

【注释】

①陵居：居住在山陵中。

②鰕（xiā）：这里指的是体型较大的鲵鱼，俗称娃娃鱼。

③九野：指广阔的原野。

④鳖鱼：具体不详，联系前后文，可能是龙鱼的笔误。

【译文】

可以在山陵中居住的龙鱼，在沃野的北方，外形像鲤鱼。也有说是鲵鱼。有神人可以驾驭这种龙鱼翱翔于广阔的原野。另有一种说法认为鳖鱼在沃野的北方，那里的鱼也很像鲤鱼。

白民国

【原文】

白民之国在龙鱼北，白身被发。有乘黄，其状如狐，其背上有角，乘之寿二千岁。

【译文】

白民国在龙鱼所在地的北方，这个国家的人都皮肤白皙，披散着头发。白民国有乘黄这种野兽，它长得像狐狸，背上有角，人如果骑上它就能长寿至两千岁。

肃慎国

【原文】

肃慎之国[①]在白民北，有树名曰雒棠[②]，圣人代立，于此取衣。

【注释】

①肃慎之国：中国古代东北地区的一个民族，亦作“息慎”“稷慎”。传说舜、禹时代已与中原有了联系。

②雒棠：传说中的树。

【译文】

肃慎国在白民国的北方，当地有一种树叫作雒棠树，中原地区一有

乘黄

圣明的天子出现，那里的人就会用雒棠的树皮来做衣服。

长股国

【原文】

长股[1]之国在雒棠北，被发。一曰长脚。

【注释】

①长股：即长腿。

【译文】

长股国位于雒棠树的北方，那里的人都披头散发。也有说叫长脚国。

蓐收

【原文】

西方蓐收[1]，左耳有蛇，乘两龙。

【注释】

①蓐收：传说中的金神，是白帝少昊的辅佐神，也有说蓐收就是白帝的儿子。他是古代传说中的西方神明，司秋。

【译文】

西方的神蓐收，左耳上挂着蛇，驾驭两条龙飞行。

海外北经

【原文】

海外自西北陬至东北陬者。

【译文】

海外从西北角到东北角的地理情况如下所述。

无启国

【原文】

无启[①]之国在长股东，为人无启。

【注释】

①无启（qǐ）：无后嗣。传说无启国的人住在洞穴中，没有子孙后代，吃泥土生活，他们的心不会腐烂，无论男女死了以后埋入土中，经过一百二十年可以重新化成人。

【译文】

无启国在长股国的东方，这个地方的人不繁衍后代。

烛阴

【原文】

钟山之神，名曰烛阴[①]，视为昼，瞑为夜，吹为冬，呼为夏，不饮，不食，不息，息为风，身长千里。在无启之东。其为物，人面，蛇身，赤色，居钟山下。

【注释】

①烛阴：又名烛龙，中国古代神话传说中的神兽，人面龙身，口中衔烛。

【译文】

钟山的山神，名叫烛阴，他睁开眼睛就是白天，闭上眼睛就是夜晚，吹气就是冬天，呼气就是夏天，不喝水，不吃东西，不呼吸，一呼吸就变成风。烛阴身长一千里。他住在无启国的东方。他的形象是人的面孔，蛇的身体，全身红色，居住在钟山山脚下。

一目国

【原文】

一目国在其东，一目中其面而居。一曰有手足。

【译文】

一目国在钟山的东方，那里的人脸中间长着一只眼睛。也有的说那里的人都有手有脚。

柔利国

【原文】

柔利国在一目东，为人一手一足，反厀，曲足居上。一云留利之国，人足反折。

【译文】

柔利国在一目国的东方，那里的人都是一只手一只脚，膝盖反着长，脚尖弯曲朝上。另有一种说法认为柔利国应该是叫留利国，那里的人的脚都是反折过来的。

众帝台

【原文】

共工①之臣曰相柳氏②，九首，以食于九山。相柳之所抵，厥为泽谿。禹杀相柳，其血腥，不可以树五谷种。禹厥之，三仞③三沮④，乃以为众帝⑤之台。在昆仑之北，柔利之东。相柳者，九首人面，蛇身而青。不敢北射，畏共工之台。台在其东。台四方，隅有一蛇，虎色，首冲南方。

【注释】

①共工：中国古代神话中的水神，掌控洪水。

②相柳氏：相柳又称相繇，上古传说中的凶神，共工的大臣，蛇身九头，食人无数，所到之处，尽成泽国。

③仞：通“轫”，充满。

④沮：这里是陷落的意思。

⑤众帝：帝尧、帝喾等传说中的上古帝王。

【译文】

水神共工的大臣相柳氏，有九个头，九个头分别在九座山上进食。相柳氏碰触过的地方，都会变成沼泽和溪水。大禹杀死了相柳氏，相柳氏的血流过的土地变得腥臭，无法种植五谷庄稼。大禹只好挖出这里的

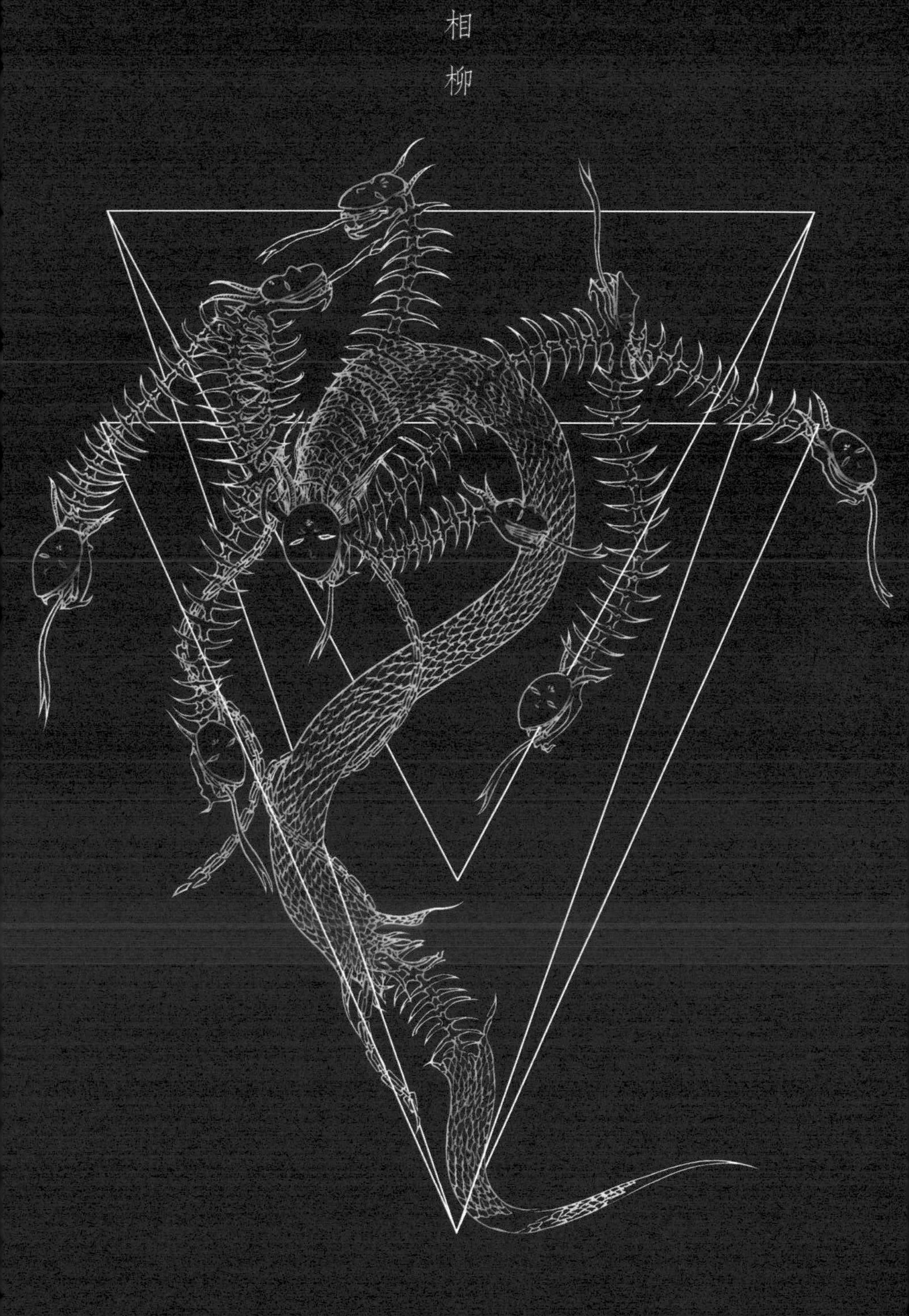
相柳

土用别的地方的土填塞，填满几次，塌陷几次。于是大禹就用挖出来的泥土给上古众帝修造了帝台。这帝台建在昆仑山的北边，柔利国的东边。这个相柳氏，长着九个脑袋，人的脸，蛇的身体，浑身都是青色的。那里的人们不敢朝北方射箭，是因为敬畏共工威灵所在的共工台。共工台在相柳的东边，台呈四方形，每个角上都有一条蛇，蛇身上有老虎一样的纹路，头都向着南方。

深目国

【原文】

深目国在其东，为人深目，举一手。一曰在共工台东。

【译文】

深目国在相柳氏的东方，国中的人眼眶很高，眼睛深深陷在眼窝里，那里的人总是举着一只手。也有说深目国在共工台的东方。

无肠国

【原文】

无肠之国在深目东，其为人长而无肠。

【译文】

无肠国在深目国的东方，那里的人身材高大，肚子里却没有肠子。

聂耳国

【原文】

聂耳之国在无肠国东，使两文虎，为人两手聂[1]其耳。县[2]居海水中，及水所出入奇物。两虎在其东。

【注释】

①聂：通“摄”，托着。

②县：通“悬”，悬居，高踞。

【译文】

聂耳国在无肠国的东方，那里的人使唤着两只花斑大老虎，行走的时候，用手托着自己的大耳朵。聂耳国在海水环绕的孤岛上，所以能看到出入海水的各种怪物。有两只老虎在聂耳国的东方。

夸父与夸父国

【原文】

夸父[1]与日逐走，入日。渴欲得饮，饮于河渭，河渭不足，北饮大泽。未至，道渴而死。弃其杖，化为邓林。

夸父国在聂耳东，其为人大，右手操青蛇，左手操黄蛇。邓林在其东，二树木。一曰博父。

【注释】

①夸父：上古传说中的巨人，是幽冥之神后土的后代。

【译文】

夸父追逐太阳奔跑，渐渐追上了太阳。夸父非常口渴，想要喝水，于是喝干了黄河和渭河，可还是不解渴，就想去北方喝大泽的水。不过还没走到，就渴死在半路上了。夸父死后丢掉的手杖变成了邓林。夸父国在聂耳国的东方，那里的人身材高大，右手握着青蛇，左手握着黄蛇。邓林在它的东方，其实只有两棵非常高大的树。另一种说法认为夸父国应该叫博父国。

积石山

【原文】

禹所积石之山在其东，河水所入。

【译文】

大禹堆积起来的石山就在博父国的东方，是黄河流过的地方。

拘瘿国

【原文】

拘瘿[1]之国在其东，一手把瘿。一曰利瘿之国。寻木长千里，在拘瘿南，生河上西北。

【注释】

①拘瘿：拘，即托、握的意思。瘿，一种脖子上的肉瘤。

【译文】

拘瘿国在禹所积石山的东方，那里的人用一只手托着脖颈上的大肉瘤。另一种说法认为拘瘿国应该叫利瘿国。有种高达千里的大树，叫作寻木，在拘瘿国的南方，生长于黄河的西北岸。

跂踵国

【原文】

跂踵[①]国在拘瘿东，其为人两足皆支。一曰反踵。

【注释】

①跂踵（qì zhǒng）：踮起脚跟的样子。

【译文】

跂踵国在拘瘿国的东边，那里的人走路，两只脚掌都不着地。另一种说法认为跂踵国应叫反踵国。

欧丝野

【原文】

欧丝[①]之野在反踵东，一女子跪据树欧丝。

三桑无枝，在欧丝东，其木长百仞，无枝。

范林方三百里，在三桑东，洲环其下。

【注释】

①欧丝：吐丝的意思。“欧”通“呕”，吐的意思。

【译文】

欧丝野在反踵国的东边，有一个女子跪倚着桑树吐丝。

三棵没有枝干的桑树，在欧丝野的东方，这种树高达数百仞，却没有树枝。

范林方圆三百里，在三棵桑树的东方，它的下边有沙洲环绕。

务隅山

【原文】

务隅之山，帝颛顼[①]葬于阳，九嫔葬于阴。一曰爰有熊、罴、文虎、离朱、鸱久、视肉。

【注释】

①颛顼（zhuān xū）：中国上古的“五帝”之一，姬姓，号高阳氏，黄帝之孙。

【译文】

务隅山，颛顼帝葬在山的南面，他的九位妃嫔葬在山的北面。有人说，这座山上还有一些野兽，譬如熊、罴、文虎、离朱鸟、鸱久、视肉兽。

平丘

【原文】

平丘在三桑东，爰有遗玉、青马、视肉、杨柳、甘柤、甘华，百果所生。有两山夹上谷，二大丘居中，名曰平丘。

【译文】

平丘在三棵桑树的东边，这里有遗玉、青马、视肉兽、杨柳、甘柤树、甘华树，生长着众多果子。两座山的中间有一道山谷，山谷中有两个大丘，叫作平丘。

北海

【原文】

北海内有兽，其状如马，名曰騊駼[①]。有兽焉，其名曰駮，状如白马，锯牙，食虎豹。有素兽焉，状如马，名曰蛩蛩[②]。有青兽焉，状如虎，名曰罗罗。

【注释】

①騊駼（táo tú）：一种类似马的野兽。

②蛩蛩（qióng qióng）：一种类似白马的野兽。

【译文】

北海内有一种野兽，长得像寻常的马，名叫騊駼。又有一种野兽，名叫駮，长得像白色的马，有着锯齿般的牙，能吃老虎和豹。还有一种白色的野兽，外形像马，名叫蛩蛩。还有一种青色的野兽，外形像老虎，名叫罗罗。

禺疆

【原文】

北方禺疆[①]，人面鸟身，珥[②]两青蛇，践两青蛇。

【注释】

①禺疆：传说中的海神、风神和瘟神，黄帝之孙。

②珥：这里指挂着。

【译文】

北方的主神禺彊，长着人的面孔、鸟的身体，耳朵上各挂着两条青蛇，脚下还踩踏着两条青蛇。

海外东经

【原文】

海外自东南陬至东北陬者。

【译文】

海外从东南角到东北角的种种地理情况如下所述。

蹉丘

【原文】

蹉丘[①]，爰有遗玉、青马、视肉、杨柳、甘柤、甘华，百果所生。在东海，两山夹丘，上有树木。一曰嗟丘。一曰百果所在，在尧葬东。

【注释】

①蹉（jiè）丘：地名。

【译文】

蹉丘，这里有遗玉、青马、视肉兽、杨桃树、甘柤树、甘华树，结出甜美果实的树就长在这里。在东海边，两座山之间夹着蹉丘，上面生长着树木。也有一种说法叫嗟丘的。也有说蹉丘是各种果树生长的地方，在帝尧埋葬地的东方。

大人国

【原文】

大人国在其北，为人大，坐而削船[①]。一曰在蹉丘北。

【注释】

①削（shāo）船：削，通“梢”，指用长竿撑船。

【译文】

大人国在䰠丘的北方，那里的人体型高大，坐在船上用长竿撑船。也有说大人国位于䰠丘的北方。

奢比尸

【原文】

奢比之尸[①]在其北，兽身、人面、大耳，珥两青蛇。一曰肝榆之尸[②]在大人北。

【注释】

①奢比之尸：传说中的神，也叫奢龙。

②肝榆之尸：具体不详，是《山海经》中所记载的肉体神人。

【译文】

奢比尸在大人国的北方，长着野兽的身体、人的面孔，耳朵很大，耳朵上挂着两条青蛇。有人说肝榆尸就在大人国的北方。

君子国

【原文】

君子国在其北，衣冠带剑，食兽，使二文虎在旁，其人好让不争。有薰华草，朝生夕死。一曰在肝榆之尸北。

奢比尸

【译文】

君子国在奢比尸的北方，这个国家的人穿戴都很讲究，随身佩带宝剑，吃野兽，身边使唤着两只花纹老虎，国民都很谦让，不喜欢争执。君子国有一种薰华草，早上开花，傍晚凋零。有人说君子国位于肝榆尸的北方。

虹虹与朝阳谷

【原文】

虹虹①在其北，各有两首。一曰在君子国北。

朝阳之谷，神曰天吴②，是为水伯③。在虹虹北两水间。其为兽也，八首人面，八足八尾，背青黄。

【注释】

①虹虹（hóng hóng）：虹霓。根据古人的分类，颜色鲜艳的虹为雄，称为虹；颜色黯淡为雌，称为霓。

②天吴：中国上古神话中的水神，形象是人面虎身。

③水伯：水神。

【译文】

虹虹国在君子国的北方，国中的人都有两个脑袋。也有说虹虹在君子国的北边。

在朝阳谷，有一位神叫天吴，他是水神。天吴住在虹虹北边的两条河流之间。天吴是一种野兽，长着八个脑袋和人的面孔，有八只爪子、八条尾巴，背部是青黄色的。

青丘国

【原文】

青丘国[①]在其北，其人食五谷，衣丝帛。其狐四足九尾。一曰在朝阳北。

帝命竖亥[②]步，自东极至于西极，五亿十选九千八百步。竖亥右手把算[③]，左手指青丘北。一曰禹令竖亥。一曰五亿十万九千八百步[④]。

【注释】

①青丘国：中国古代传说中的一处地名，位于泗水上源附近。后世很多对青丘国的传说认为那是九尾狐的国度。

②竖亥：中国上古传说中的神之一，传说中的竖亥步子极大，特别能走。

③算：算筹。古代计数用的筹码。

④五亿十万九千八百步：此处与前文的数字一样了，疑为最初记录时的笔误。

【译文】

青丘国在天吴的北方，这里的人吃五谷，穿丝帛。青丘国出产一种狐狸，有四只爪子和九条尾巴。也有人说青丘国在朝阳谷的北方。

天帝命令竖亥用脚步测量大地，从最东端走到最西端，走了五亿十万九千八百步。竖亥右手握着算筹，左手指着青丘国的北方。也有人说，是大禹命令竖亥测量大地的。还有一种说法认为测量出的结果是五亿十万九千八百步。

九尾狐

黑齿国

【原文】

黑齿国在其北，为人黑齿，食稻啖蛇，一赤一青，在其旁。一曰在竖亥北，为人黑齿，食稻使蛇，其一蛇赤。

下有汤谷。汤谷上有扶桑，十日所浴，在黑齿北。居水中，有大木，九日居下枝，一日居上枝。

【译文】

黑齿国在竖亥的北方，这个国家的人牙齿都是黑的，吃稻米也吃蛇，有一条红蛇和一条青蛇在身旁。也有人说，黑齿国在竖亥所在地的北方，那里的人是黑牙齿，吃稻米，能够驱使蛇，其中一条蛇是红色的。

黑齿国的下边有汤谷。汤谷有一棵扶桑树，是十个太阳洗澡的地方，位于黑齿国的北方。在浩瀚的海水中间，有一棵很大的树，九个太阳悬在树的下枝，一个太阳悬停在树的上枝。

雨师妾

【原文】

雨师妾（国）[①]在其北，其为人黑，两手各操一蛇，左耳有青蛇，右耳有赤蛇。一曰在十日北，为人黑身人面，各操一龟。

【注释】

①雨师妾：中国上古传说中的国名。

【译文】

雨师妾国在汤谷的北方。那里的人长得很黑，两只手各握着一条蛇，左边耳朵上挂有青蛇，右边耳朵挂有红蛇。也有一种说法认为雨师妾国在十个太阳所在地的北方，那里的人身体很黑，脸跟正常人一样，两只手里各握着一只龟。

玄股国

【原文】

玄股[1]之国在其北，其为人股黑，衣鱼食鴎，两鸟夹之。一曰在雨师妾（国）北。

【注释】

①玄股：大腿是黑色的意思。

【译文】

玄股国在雨师妾国的北方，国中的人大腿是黑色的，穿着鱼皮衣，吃海鸥，有两只鸟陪在身边供他们驱使。也有人说玄股国在雨师妾国的北方。

毛民国

【原文】

毛民之国在其北，为人身生毛。一曰在玄股北。

【译文】

毛民国在玄股国的北方，这个地方的人全身长毛。也有人说毛民国在玄股国的北方。

劳民国

【原文】

劳民国在其北，其为人黑，食果草实也。有一鸟两头。或曰教民。一曰在毛民北，为人面目手足尽黑。

【译文】

劳民国在毛民国的北方，那里的人全身都是黑色，他们用野果和草做食物。这里还有一种有两个头的鸟。有的人说劳民国应该叫教民国。也有人说劳民国在毛民国的北边，那里的人脸孔、眼睛、手脚都是黑色的。

句芒

【原文】

东方句芒①，鸟身人面，乘两龙。

【注释】

①句（gōu）芒：中国上古传说中的木神（春神），主管树木的发芽生长，句芒在古代非常非常重要，每年春祭都会祭祀他。

【译文】

东方的句芒神，他有鸟的身体，人的脸孔，驾驭着两条龙。

句芒

【原文】

海内东南陬以西者。

【译文】

海内的东南角以西地区的地理情况如下所述。

瓯与闽

【原文】

瓯[①]居海中。闽[②]在海中，其西北有山。一曰闽中山在海中。

【注释】

①瓯：古地名，考证为如今的浙江温州地区。

②闽：古地名，现在的福建省福州地区。

【译文】

瓯在大海之中。闽也在大海之中，它的西北方有一座山。也有人说闽中山在大海中。

三天子鄣山

【原文】

三天子鄣山在闽西海北。一曰在海中。

桂林八树在番隅东。

海内南经

【译文】

三天子鄣山在闽的西方，海的北方。也有人说三天子鄣山在大海之中。番隅的东边有八棵很大的树，称作桂林八树。

伯虑国、离耳国、雕题国、北朐国

【原文】

伯虑国、离耳国、雕题国、北朐国皆在郁水南。郁水出湘陵南山。一曰相虑。

【译文】

伯虑国、离耳国、雕题国、北朐国都在郁水的南岸。郁水发源于湘陵南山。也有人说伯虑国叫作相虑国。

枭阳国

【原文】

枭阳国在北朐之西。其为人人面长唇，黑身有毛，反踵，见人则笑，左手操管。

【译文】

枭阳国在北朐国的西方。这个国家的人都长着人的面孔，嘴唇很长，身体很黑，长着很多毛，脚跟朝前脚尖在后，见到人就笑，左手拿着一根竹筒。

兕

【原文】

兕在舜葬东，湘水南，其状如牛，苍黑，一角。

【译文】

兕在帝舜葬地的东方，在湘水的南岸。兕的外形像普通的牛，通体青黑色，长着一只角。

苍梧山

【原文】

苍梧之山，帝舜葬于阳，帝丹朱葬于阴。

【译文】

苍梧山，帝舜埋葬在这座山的南面，帝丹朱埋葬在这座山的北面。

氾林

【原文】

氾林方三百里，在狌狌东。

【译文】

氾林方圆三百里，在猩猩生活之地的东方。

狌狌

【原文】

狌狌知人名，其为兽如豕而人面，在舜葬西。

【译文】

猩猩能知道人的姓名，这种野兽长得像猪，却长有人的脸孔，生活在帝舜葬地的西方。

犀牛

【原文】

狌狌西北有犀牛，其状如牛而黑。

【译文】

猩猩的西北边有犀牛，犀牛长得像牛，然而全身都是黑色的。

孟涂

【原文】

夏后启之臣曰孟涂，是司神于巴，巴人讼于孟涂之所，其衣有血者乃执之，是请生。居山上，在丹山西。

【译文】

夏朝国王启的一个臣子叫孟涂，是主管巴地诉讼的神，巴地的人到孟涂那里去告状，告状人中谁的衣服沾有血迹就会被孟涂拘禁起来。这样就不会出现冤案，算是有好生之德。孟涂所居住的山在丹山的西方。

窫窳

【原文】

窫窳[1]居弱水中，在狌狌之西，其状如貙，龙首，食人。

【注释】

①窫窳（yà yǔ）：中国上古传说中神名，有一种说法认为他是烛龙的儿子。

【译文】

窫窳住在弱水中，在猩猩的西方，它的外形像貙，长着龙头，会吃人。

建木

【原文】

有木，其状如牛，引之有皮，若缨、黄蛇。其叶如罗，其实如栾，其木若蓲，其名曰建木。在窫窳西弱水上。

【译文】

有一种树木，外形像牛，一拉就有树皮剥落，树皮像冠帽上的缨带，又像黄色的蛇皮。它的叶子像罗网，果实像栾树结的果实，树干像刺榆，名叫建木。这种建木生长在窫窳所在地往西的弱水边上。

氐人国

【原文】

氐人国在建木西，其为人人面而鱼身，无足。

【译文】

氐人国在建木所在地的西方，那里的人都长着人的面孔，却是鱼的身体，没有脚。

巴蛇

【原文】

巴蛇食象，三岁而出其骨，君子服之，无心腹之疾。其为蛇青黄赤黑。一曰黑蛇青首，在犀牛西。

【译文】

巴蛇能吞下大象，吞后三年才吐出大象的骨头，有才能品德的人吃了巴蛇的肉，就不会患心痛或肚子痛之类的病。这种巴蛇的颜色是青色、黄色、红色、黑色混合的。也有人说巴蛇是黑色身体、青色脑袋，在犀牛所在地的西方。

旄马

【原文】

旄马，其状如马，四节有毛。在巴蛇西北，高山南。

【译文】

旄马，长得像普通的马，四条腿的关节上都有毛。旄马在巴蛇的西北方，高山的南边。

海内西经

【原文】

海内西南陬以北者。

【译文】

海内的西南角到北方的地理情况如下所述。

后稷葬地

【原文】

后稷之葬，山水环之。在氐国西。

【译文】

后稷的埋葬地，有山水环绕。后稷的埋葬地就在氐国的西方。

流黄酆氏国

【原文】

流黄酆氏之国，中方三百里，有涂四方，中有山。在后稷葬西。

【译文】

流黄酆氏国，疆域有方圆三百里，有道路通向四方，中间有一座大山。流黄酆氏国在后稷葬地的西方。

流沙

【原文】

流沙出锺山，西行又南行昆仑之虚，西南入海，黑水之山。

【译文】

流沙出自锺山，向西流动之后又朝南经过昆仑山，接着往西南注入大海，直到黑水山。

国在流沙中外者

【原文】

国在流沙中者埻端、玺㬇，在昆仑虚东南。一曰海内之郡，不为郡县，在流沙中。

国在流沙外者，大夏、竖沙、居繇、月支之国。

【译文】

处于流沙中的国家有埻端国、玺㬇国，都在昆仑山的东南面。另一种说法认为埻端国和玺㬇国是在海内建的郡，不把它们称为郡县，是因为处在流沙中的缘故。

在流沙以外的国家，有大夏国、竖沙国、居繇国、月支国。

西胡白玉山

【原文】

西胡白玉山在大夏东，苍梧在白玉山西南，皆在流沙西，昆仑虚东南。昆仑山在西胡西。皆在西北。

【译文】

西方胡人的白玉山国在大夏国的东方，苍梧国在白玉山国的西南方，都在流沙的西方，昆仑山的东南方。昆仑山位于西方胡人所在地的西方。总的位置都在西北方。

昆仑虚

【原文】

海内昆仑之虚①，在西北，帝之下都。昆仑之虚，方八百里，高万仞②。上有木禾，长五寻，大五围。面有九井，以玉为槛。面有九门，门有开明兽守之，百神之所在。在八隅之岩，赤水之际，非仁羿莫能上冈之岩。

【注释】

①昆仑之虚：昆仑山。

②仞：古代长度单位，周代时一仞为八尺，汉代时一仞为七尺。

【译文】

海内的昆仑山，位于西北方，是天帝在下界的都城。昆仑山，方圆八百里，高一万仞。山顶有一棵大树般的稻谷，高五寻，粗细需五人合抱。昆仑山的每一面都有九眼井，每眼井都有用玉石制成的围栏。昆仑山的每一面都有九道门，而每道门都有被称作开明的神兽守卫着，是众多天神聚集的地方。天神聚集的地方在八方山岩之间，赤水的岸边，不是具有像羿那样本领的人就不能攀上那些山冈岩石。

赤水等

【原文】

赤水出东南隅，以行其东北，西南流注南海厌火东。

河水出东北隅，以行其北，西南又入渤海，又出海外，即西而北，入禹所导积石山。

洋水、黑水出西北隅，以东，东行，又东北，南入海，羽民南。

弱水、青水出西南隅，以东，又北，又西南，过毕方鸟东。

【译文】

赤水从昆仑山的东南角发源，然后流到昆仑山的东北面，又转向西南流注到南海厌火国的东方。

黄河水从昆仑山的东北角发源，然后流到昆仑山的北面，再折向西南流入渤海，又流出海外，就此向西而后往北流，一直流入大禹所疏导过的积石山。

洋水、黑水从昆仑山的西北角发源，然后折向东方，朝东流去，再折向东北方，又朝南流入大海，直到羽民国的南方。

弱水、青水从昆仑山的西南角发源，然后折向东方，又朝北流去，再折向西南方，流经毕方鸟所在地的东方。

昆仑南渊

【原文】

昆仑南渊深三百仞。开明兽身大类虎而九首，皆人面，东向立昆仑上。

【译文】

昆仑山的南面有一个深三百仞的渊潭。开明神兽的身体大小像老虎，却长着九个脑袋，九个脑袋都有人一样的面孔，朝东立在昆仑山顶。

开明西

【原文】

开明西有凤皇、鸾鸟，皆戴蛇践蛇，膺有赤蛇。

【译文】

开明神兽的西边有凤凰、鸾鸟栖息，它们都头上缠绕着蛇，脚底踩踏着蛇，胸前还挂着红色的蛇。

开明北

【原文】

开明北有视肉、珠树[①]、文玉树[②]、玗琪树[③]、不死树[④]。凤皇、鸾鸟皆戴瞂[⑤]。又有离朱、木禾、柏树、甘水、圣木曼兑[⑥]，一曰挺木牙交。

【注释】

①珠树：传说中生长珍珠的宝树。

②文玉树：传说中生长五彩美玉的宝树。

③玗琪树：传说中生长红色玉石的宝树。

④不死树：传说中一种不会枯死的树，人吃了这个树的果实可以长生不老。

开明兽

⑤瞂（fá）：盾牌。

⑥圣木曼兑：传说中的一种圣树，人吃了它的果实就能增长智慧。

【译文】

开明神兽的北边有视肉兽、珠树、文玉树、玗琪树、不死树。那里的凤凰、鸾鸟都戴着盾牌。还有离朱鸟、木禾、柏树、甘水、圣木曼兑，另一种说法认为圣木曼兑应该叫作挺木牙交。

开明东

【原文】

开明东有巫彭、巫抵、巫阳、巫履、巫凡、巫相，夹窫窳之尸，皆操不死之药以距之。窫窳者，蛇身人面，贰负臣所杀也。

服常树，其上有三头人，伺琅玕树。

【译文】

开明神兽的东边有巫师神医巫彭、巫抵、巫阳、巫履、巫凡、巫相，他们围在窫窳的尸体周围，都手捧不死药想要使他复活。这位窫窳，是蛇的身体、人的面孔，被贰负和他的臣子危一起杀害。

有一种服常树，树上有一个长着三颗头的人，静静伺察着附近的琅玕树。

开明南

【原文】

开明南有树鸟，六首；蛟、蝮、蛇、蜼、豹、鸟秩树，于表池树木；诵鸟、鶽[①]、视肉。

【注释】

①鶽（sǔn）：同“隼”。一种小型猛禽，是鸟类食物链的顶端生物。

【译文】

开明神兽的南边有种树鸟，长着六个脑袋；那里还有蛟龙、蝮蛇、长尾猿、豹子、鸟秩树，在水池四周环绕着树木，水池也因此显得华美；那里还有诵鸟、隼鸟、视肉兽。

蛇巫山

【原文】

蛇巫之山，上有人操柸[①]而东乡立。一曰龟山。

【注释】

①柸：此处通“杯”，就是盛酒的礼器。

【译文】

蛇巫山，山上有人拿着杯子面朝东方站立。也有人说蛇巫山应该叫龟山。

西王母

【原文】

西王母梯[①]几而戴胜[②]。其南有三青鸟，为西王母取食。在昆仑虚北。

【注释】

①梯：倚靠的意思。

②胜：古代女性戴的一种玉制首饰。

【译文】

西王母倚靠着小桌，头上戴着玉制首饰。在西王母的南面有三只青鸟，为西王母寻找食物。西王母和三只青鸟都在昆仑山的北面。

海内北经

【原文】

海内西北陬以东者。

【译文】

海内从西北角及以东的地理情况如下所述。

匈奴、开题国、列人国

【原文】

匈奴、开题之国、列人之国并在西北。

【译文】

匈奴国、开题国、列人国都在西北方。

贰负与危

【原文】

贰负①之臣曰危②，危与贰负杀窫窳，帝乃梏之疏属之山，桎其右足，反缚两手，系之山上木。在开题西北。

【注释】

①贰负：传说中的天神，长了人的脸，蛇的身体。

②危：传说中的天神，贰负的臣子。

【译文】

贰负的臣子叫危，危与贰负合伙杀死了窫窳，天帝把贰负拘禁在疏属山中，并给他的右脚戴上刑具，反绑上他的双手，把他拴在山上的大树下。这个地方在开题国的西北方。

大行伯

【原文】

有人曰大行伯，把戈。其东有犬封国。贰负之尸在大行伯东。

【译文】

有个人叫大行伯，手中握着一把戈。在他的东方有犬封国。贰负之尸也在大行伯的东方。

犬封国

【原文】

犬封国曰犬戎国，状如犬。有一女子，方跪进杯食。有文马，缟身朱鬣，目若黄金，名曰吉量，乘之寿千岁。

【译文】

犬封国也叫犬戎国，那里的人都长着狗的模样。犬封国有一女子，正跪在地上捧着一杯酒食向人进献。那里还有文马，是白色的身体，红色的鬃毛，眼睛像黄金一样，名叫吉量，人骑上它就能长寿千岁。

鬼国

【原文】

鬼国在贰负之尸北，为物人面而一目。一曰贰负神在其东，为物人面蛇身。

【译文】

鬼国在贰负之尸的北方，那里的生物长着人的面孔，只有一只眼睛。也有人说贰负神在鬼国的东方，贰负长着人的面孔、蛇的身体。

蜪犬

【原文】

蜪犬如犬，青，食人从首始。

【译文】

蜪犬长得像狗，通体青色，它吃人，并且从头部开始吃。

穷奇

【原文】

穷奇状如虎，有翼，食人从首始，所食被发。在蜪犬北。一曰从足。

【译文】

穷奇长得像老虎，长有翅膀，吃人是从人的头开始吃，被吃的人都是披散着头发的。穷奇在蜪犬的北方。也有人说穷奇吃人是从人的脚开始吃。

四帝台

【原文】

帝尧台、帝喾台、帝丹朱台、帝舜台，各二台，台四方，在昆仑东北。

【译文】

帝尧台、帝喾台、帝丹朱台、帝舜台，各自有两座台，每座台都是四方形，在昆仑山的东北面。

大蜂

【原文】

大蜂，其状如螽[①]；朱蛾，其状如蛾。

【注释】

①螽（zhōng）：螽斯，一种小昆虫，身体绿色或褐色，善跳跃，对农作物有害。

【译文】

有一种大蜂，外形像螽斯；有一种朱蛾，外形像蛾。

蟜

【原文】

蟜，其为人虎文，胫有启[1]。在穷奇东。一曰状如人，昆仑虚北所有。

【注释】

①启（qǐ）：强健的肌肉。

【译文】

蟜，长着人的身体却有着老虎一样的斑纹，腿上有强健的肌肉。蟜在穷奇的东方。也有人说蟜的外形像人，是昆仑山北面所独有的。

阘非

【原文】

阘非[1]，人面而兽身，青色。

【注释】

①阘（tà）非：传说中的野兽。

【译文】

阘非，长着人的面孔、野兽的身体，全身青色。

据比之尸

【原文】

据比之尸，其为人折颈被发，无一手。

【译文】

据比的尸首，是被折断了脖子且披散着头发，失去了一只手。

环狗

【原文】

环狗，其为人兽首人身。一曰蝟状如狗，黄色。

【译文】

环狗，长着野兽的脑袋、人的身体。也有人说是刺猬的样子，又像狗，全身是黄色的。

袜

【原文】

袜[①]，其为物人身、黑首、从目。

【注释】

①袜：通“魅”，即鬼魅。

【译文】

袜，这种怪物长着人的身体、黑色的脑袋、竖立的眼睛。

戎

【原文】

戎，其为人人首三角。

【译文】

戎，这种人长着人的头，而头上却有三只角。

林氏国

【原文】

林氏国有珍兽，大若虎，五采毕具，尾长于身，名曰驺吾，乘之日行千里。

【译文】

林氏国有一种珍奇的野兽，大小与老虎差不多，身上有五种颜色的斑纹，尾巴比身体长，名叫驺吾，骑上它可以日行千里。

氾林

【原文】

昆仑虚南所，有氾林方三百里。

【译文】

昆仑山南面的地方，有一片方圆三百里的氾林。

从极渊冰夷

【原文】

从极之渊，深三百仞，维冰夷[①]恒都焉。冰夷人面，乘两龙。一曰忠极之渊。

【注释】

①冰夷：传说中的水神。

【译文】

从极渊深达三百仞，只有冰夷神常常住在这里。冰夷神长着人的面孔，乘着两条龙。也有人说从极渊应叫作忠极渊。

阳汙山

【原文】

阳汙之山，河山其中；凌门之山，河出其中。

【译文】

阳汙山，黄河的一条支流从这座山发源；凌门山，黄河的另一条支流从这座山发源。

王子夜尸

【原文】

王子夜之尸，两手、两股、胸、首、齿，皆断异处。

【译文】

王子夜的尸体，两只手、两条腿、胸脯、脑袋、牙齿，都被斩断而且分处各地。

大泽

【原文】

大泽方百里，群鸟所生及所解。在雁门北。

【译文】

大泽方圆百里，是许多鸟类生养幼鸟和换羽毛的地方。大泽位于雁门山的北方。

雁门山

【原文】

雁门山，雁出其间。在高柳北。

高柳在代北。

【译文】

雁门山，大雁迁徙时在此来去。雁门山在高柳山的北方。

高柳山在代地的北方。

宵明与烛光

【原文】

舜妻登比氏生宵明、烛光，处河大泽，二女之灵能照此所方百里。一曰登北氏。

【译文】

舜的妻子登比氏生了宵明、烛光两个女儿，她们住在黄河边上的大沼泽里，两位神女的灵光能照亮方圆百里的地方。也有人说舜帝的妻子叫登北氏。

东胡

【原文】

东胡在大泽东。

【译文】

东胡国在大沼泽的东方。

夷人国

【原文】

夷人在东胡东。

【译文】

夷人国在东胡国的东方。

貊国

【原文】

貊国在汉水东北。地近于燕，灭之。

【译文】

貊国在汉水的东北方。它靠近燕国的边界，后来被燕国灭掉了。

孟鸟

【原文】

孟鸟在貊国东北。其鸟文赤、黄、青，东乡[①]。

【注释】

①乡：通“向”。

【译文】

孟鸟在貊国的东北方。这种鸟的羽毛花纹有红、黄、青三种颜色，鸟儿都向着东方站立。

海内东经

【原文】

海内东北陬以南者。

【译文】

海内从东北角及以南的地理情况如下所述。

钜燕

【原文】

钜[①]燕在东北陬。

【注释】

①钜：即“大”。

【译文】

大燕国在海内的东北角。

盖国

【原文】

盖国在钜燕南，倭北。倭属燕。

【译文】

盖国在大燕国的南面，倭国的北面。倭国隶属于燕国。

朝鲜

【原文】

朝鲜在列阳东，海北山南。列阳属燕。

【译文】

朝鲜在列阳的东面，北面有大海而南面有高山。列阳隶属于燕国。

列姑射国

【原文】

列姑射在海河州中。

【译文】

列姑射国在大海的河州上。

姑射国

【原文】

姑射国在海中，属列姑射。西南，山环之。

大蟹在海中。

【译文】

姑射国在海中，属于列姑射山的一支。射姑国的西南部，高山环绕。

有很大的蟹生活在海里。

陵鱼

【原文】

陵鱼①人面，手足，鱼身，在海中。

大鲠②居海中。

【注释】

①陵鱼：人鱼。

②鲠：鲂鱼。

【译文】

陵鱼有人的面孔，有手有脚，长着鱼的身体，生活在海里。

大鲠鱼生活在海里。

明组邑

【原文】

明组邑①居海中。

蓬莱山②在海中。

大人之市在海中。

【注释】

①明组邑：传说中的一个海岛部落。

②蓬莱山：传说中的海外仙山。

【译文】

明组邑生活在海岛上。

蓬莱山位于海中。

大人贸易的集市在海中。

琅邪台

【原文】

琅邪台在渤海间，琅邪之东。其北有山。一曰在海间。

【译文】

琅邪台位于渤海与海岸之间，在琅邪的东方。琅邪台的北方有座山。另一种说法认为琅邪台在海中。

都州

【原文】

都州在海中。一曰郁州。

【译文】

都州在海里。另一种说法认为都州应叫作郁州。

韩雁

【原文】

韩雁在海中，都州南。

始鸠在海中，韩雁南。

【译文】

韩雁在海中，又在都州的南方。

始鸠在海中，又在韩雁的南方。

雷泽

【原文】

雷泽中有雷神，龙身而人头，鼓其腹。在吴西。

【译文】

雷泽中有一位雷神，长着龙的身体、人的头，他一鼓起肚子就响雷。雷泽在吴地的西方。

会稽山

【原文】

会稽山在大楚南。

【译文】

会稽山在大楚的南方。

大荒东经

少昊国

【原文】

东海之外大壑[①]，少昊之国。少昊孺[②]帝颛顼于此，弃其琴瑟。有甘山者，甘水出焉，生甘渊。

【注释】

①大壑（hè）：巨壑，深沟。

②孺：通“乳”，这里指抚养教育的意思。

【译文】

东海的外边有一个巨大的深沟，那里是少昊的国家。少昊在这里抚养教育颛顼长大，还把颛顼小时候玩的琴瑟丢弃在了这里。有一座山叫甘山，甘水从这里发源，汇聚生成甘渊。

羲和国

【原文】

东南海之外，甘水之间，有羲和[①]之国，有女子名曰羲和，方浴日于甘渊。羲和者，帝俊之妻，是生十日。

【注释】

①羲和：中国上古传说中的“日母”，太阳女神。

【译文】

在东南海的外边，甘水的中间，有一个羲和国。有个叫羲和的女子，正在甘渊中洗太阳。羲和，是帝俊的妻子，她生了十个太阳。

皮母地丘

【原文】

大荒东南隅有山，名皮母地丘。

【译文】

大荒的东南角有座山，名字叫作皮母地丘。

大言山 大人国

【原文】

东海之外，大荒之中，有山名曰大言，日月所出。

有波谷山者，有大人之国[①]。有大人之市，名曰大人之堂。有一大人踆[②]其上，张其两臂。

【注释】

①大人之国：国民都长得非常高大的国家。下文的小人国则国民都长得非常矮小。

②踆（cūn）：原意是忽走忽停的意思，这里通“蹲”。《山海经》原文有图，所以这里描述的是图中的情景。

【译文】

东海的外边，大荒的中间，有座山叫大言山，是太阳和月亮升起的地方。

有一座波谷山，山中有个国家叫大人国。这里有大人国做生意的集市，名叫大人堂。有一个大人国国民正蹲在集市上，张开他的双臂。

小人国

【原文】

有小人国，名靖人。

有神，人面兽身，名曰犁䰠之尸[①]。

有潏山，杨水出焉。

【注释】

①犁䰠（líng）之尸：《山海经》中记载的神灵。

【译文】

有个小人国，那里的人被称为靖人。

这里有一位神灵，长着人的脸孔、野兽的身体，名为犁䰠尸。

还有一座潏山，杨水从这座山发源。

蒍国

【原文】

有蒍国[①]，黍食，使四鸟[②]：虎、豹、熊、罴。

大荒之中，有山名曰合虚，日月所出。

【注释】

①蒍（wěi）国：古国名。

②鸟：这里指野兽。古时候鸟与兽可以互用。

【译文】

有一个芀国，那里的国民主要吃黄米，能够驯服驱使四种野兽：老虎、豹子、熊、罴。

在大荒中，有一座合虚山，是太阳和月亮升起的地方。

中容国与君子国

【原文】

有中容之国。帝俊[1]生中容[2]，中容人食兽、木实，使四鸟：豹、虎、熊、罴。

有东口之山。有君子之国，其人衣冠带剑。

【注释】

①帝俊：又作“帝夋”，中国上古传说中的天帝，这一古帝名号只见于《山海经》。

②中容：传说中帝俊的第二个儿子。

【译文】

有一个国家叫中容国。传说中帝俊生了中容，中容国的人吃野兽以及树木的果实，能驯服并驱使四种野兽：豹子、老虎、熊、罴。

有一座山叫东口山。有个君子国就在东口山，这个国家的人讲究穿戴，腰间都佩着宝剑。

司幽国

【原文】

有司幽之国。帝俊生晏龙，晏龙生司幽，司幽生思士，不妻；思女，不夫。食黍，食兽，是使四鸟。

有大阿之山者。

大荒之中，有山名曰明星，日月所出。

【译文】

有一个司幽国。传说中帝俊生了晏龙，晏龙又生了司幽，司幽生了思士，而思士没有娶妻；司幽还生了思女，思女没有嫁人。司幽国的人吃黄米，也吃野兽，能驯服使役四种野兽。

有一座山叫大阿山。

大荒当中有一座山，叫明星山，是太阳和月亮升起的地方。

白民国

【原文】

有白民之国。帝俊生帝鸿，帝鸿生白民，白民销姓，黍食，使四鸟：虎、豹、熊、罴。

【译文】

有一个白民国。传说帝俊生了帝鸿，帝鸿生了白民，白民国的人都姓销，吃黄米，能够驯服使役四种野兽：老虎、豹子、熊、罴。

青丘国

【原文】

有青丘之国。有狐，九尾。

【译文】

有一个青丘国。那里有狐狸，它们长着九条尾巴。

嬴土国

【原文】

有柔仆民，是维嬴土[1]之国。

【注释】

①嬴土：肥沃的土地。

【译文】

有一些被称作柔仆民的人，他们所在的国家叫嬴土国。

黑齿国

【原文】

有黑齿之国。帝俊生黑齿，姜姓，黍食，使四鸟。

【译文】

有一个黑齿国。传说帝俊生了黑齿，黑齿国的人都姓姜，吃黄米，能够驯服使役四种野兽。

夏州国与盖余国

【原文】

有夏州之国。有盖余之国。

有神人，八首人面，虎身十尾，名曰天吴。

大荒之中，有山名曰鞠陵于天、东极、离瞀[1]，日月所出。

有神名曰折丹，东方曰折，来风曰俊，处东极以出入风。

【注释】

①离瞀（gǔ mào）：古山名。

【译文】

有一个夏州国，有一个盖余国。

有位神人，长着八颗头，人的脸孔，老虎的身体，十根尾巴，名为天吴。

在大荒当中，有三座山分别叫作鞠陵于天山、东极山、离瞀山，都是太阳和月亮升起的地方。

有个神灵名叫折丹，东方人称他为折，从东方吹来的风被称作俊，他身处最东边管理来往的风。

禺虢与禺京

【原文】

东海之渚中，有神，人面鸟身，珥两黄蛇，践两黄蛇，名曰禺虢[1]。黄帝生禺虢，禺虢生禺京[2]。禺京处北海，禺虢处东海，是为海神。

【注释】

①禺貌（háo）：又作禺猇“xiāo”，上古传说中的东海海神。

②禺京：上古传说中的海神、风神和瘟神。禺貌的儿子。

【译文】

在东海的一个岛屿上，有一位神仙，长着人的脸孔和鸟的身体，耳朵上挂着两条黄色的蛇，脚下也踩着两条黄色的蛇，名为禺貌。黄帝生了禺貌，禺貌生了禺京。禺京住在北海，禺貌住在东海，他们都是各自海域的海神。

招摇山与玄股国

【原文】

有招摇山，融水出焉。有国曰玄股，黍食，使四鸟。

【译文】

有一座招摇山，融水就发源于此。这里有一个玄股国，国人吃黄米，能够驯服使役四种野兽。

因民国

【原文】

有因民国，勾姓，黍食。有人曰王亥[1]，两手操鸟，方食其头。王亥托于有易、河伯仆牛[2]。有易杀王亥，取仆牛。河伯念有易，有易潜出[3]，为国于兽。方食之，名曰摇民。帝舜生戏，戏生摇民。

【注释】

①王亥：夏朝时期商丘人，商族，他是商国的第七任君主。王亥开创了中华历史上商业贸易的先河，人们尊称王亥为“华商始祖”。据说有易氏的部落首领绵臣见财起歹意，杀害了王亥。也有说是因为王亥与有易族君主的妻子淫乱而被杀。

②仆牛：大牛，肥牛，驾车的牛。

③有易潜出：王亥被杀后，王亥的儿子为父报仇，带兵屠杀了许多有易族人，河伯同情有易族人，就帮助剩下的族人偷偷潜逃。

【译文】

有一个因民国，国民都姓勾，主食是黄米。有个叫王亥的人，他的两只正抓着一只鸟，正在吃鸟的头。王亥把一群肥牛交托给有易族人与河伯。有易族人杀了王亥后，侵吞了他带来的肥牛。后来河伯同情有易族人，就帮助有易族人偷偷潜逃，在野兽群居的地方建立国家。这些人正在吃野兽的肉，因此就叫摇民。另一种说法认为的帝舜生了戏，戏的后代是摇民。

女丑

【原文】

海内有两人，名曰女丑[①]。女丑有大蟹[②]。

【注释】

①女丑：传说中的女巫，即前文中提到的女丑之尸。

②大蟹：巨大的螃蟹。

【译文】

海里有两个神人，一个叫女丑。女丑有一只巨大的螃蟹。

孽摇頵羝与温源谷

【原文】

大荒之中，有山名曰孽摇頵羝[①]。上有扶木，柱三百里，其叶如芥[②]。有谷曰温源谷。汤谷上有扶木，一日方至，一日方出，皆载于乌[③]。

【注释】

①孽摇頵羝（niè yáo yūn dī）：古山名。

②芥：芥菜。

③乌：前文所提到的三足乌，住在太阳里的神鸟。

【译文】

在大荒当中，有一座山叫作孽摇頵羝。山上有棵扶桑树，高达三百里，叶子的外形像芥菜叶。有一个山谷叫作温源谷。汤谷上面也长了棵扶桑树，一个太阳刚刚回到汤谷，另一个太阳就从扶桑树上出去，太阳都伏在三足乌的背上。

奢比尸

【原文】

有神，人面、犬耳、兽身，珥两青蛇，名曰奢比尸。

【译文】

有一个神，长着人的面孔、狗的耳朵、野兽的身体，耳朵上挂着两条青蛇，名叫奢比尸。

五采鸟

【原文】

有五采之鸟，相乡弃沙[①]。惟帝俊下友[②]。帝下两坛，采鸟是司。

【注释】

①相乡弃沙：互相翩翩起舞。“乡”通“向”，弃沙是婆娑起舞的意思。

②下友：指天帝在凡间的朋友。

【译文】

有一群长着五彩羽毛的鸟，相对而舞，是帝俊在凡间的朋友。帝俊在凡间有两座祭坛，由五彩鸟掌管。

猗天苏门山

【原文】

大荒之中，有山名曰猗天苏门，日月所生。有壎民之国。

有綦山[①]。又有摇山。有䰝山[②]，又有门户山。又有盛山。又有待山。有五采之鸟。

【注释】

①綦（jì）山：古山名。

②䰝（zèng）山：古山名。

【译文】

大荒中，有一座山名叫猗天苏门山，是太阳和月亮升起的地方。有一个壎民国。

有一座綦山。又有一座摇山。有一座䰝山。又有一座门户山。又有一座盛山。又有一座待山。还有一群五彩鸟。

中容国

【原文】

东荒之中，有山名曰壑明俊疾，日月所出。有中容之国。

【译文】

东荒中，有一座壑明俊疾山，是太阳和月亮升起的地方。这里有一个国家叫中容国。

三青马等

【原文】

东北海外，又有三青马、三骓、甘华。爰有遗玉、三青鸟、三骓、视肉、甘华、甘柤。百谷所在。

【译文】

在东北海外，又有三青马、三骓马、甘华树。这里还有遗玉、三青鸟、三骓马、视肉兽、甘华树、甘柤树。这里是各种庄稼生长的地方。

应龙

女和月母国

【原文】

有女和月母之国。有人名曰鹓[①]——北方曰鹓，来风曰猍[②]——是处东北隅以止日月，使无相间出没，司其短长。

【注释】

①鹓（yuān）：传说中掌管日月出没的神人。

②猍（yǎn）：来自鹓那里的风。

【译文】

有一个女和月母国。那里有一个神人名叫鹓——北方人称他为鹓，从他那里吹来的风称作猍——他就处在大地的东北角，控制着太阳和月亮，使日月不会胡乱交错地出没，他还掌管着日月出来的时间长短。

凶犁土丘

【原文】

大荒东北隅中，有山名曰凶犁土丘。应龙处南极，杀蚩尤与夸父，不得复上。故下数旱。旱而为应龙[①]之状，乃得大雨。

【注释】

①应龙：上代传说中一种有翼的龙，又名飞龙，曾作为黄帝大将斩杀蚩尤、夸父，曾助大禹治水等。

【译文】

在大荒的东北角上，有一座山名叫凶犁土丘。应龙就住在这座山的最南端，应龙参与杀死了蚩尤和夸父的战斗后，无法再回到天上。因此凡间经常闹旱灾。凡间的人们一遇大旱，就装扮成应龙的样子求雨，就能求到大雨。

流波山与夔

【原文】

东海中有流波山，入海七千里。其上有兽，状如牛，苍身而无角，一足，出入水则必风雨，其光如日月，其声如雷，其名曰夔。黄帝得之，以其皮为鼓，橛[①]以雷兽之骨，声闻五百里，以威天下。

【注释】

①橛（jué）：通“撅”，这里是敲打、击打的意思。

【译文】

东海中有一座流波山，这座山在深入东海七千里的地方。山上有一种野兽，长得像牛，身体是青色的，而且头上没有角，只有一只脚，这种野兽出入大海都会伴随着风雨，它发出的光芒如同日月一样耀眼，发出的叫声如同惊雷，它的名字叫夔。黄帝得到了这种野兽，取了它的皮作为鼓皮，再用雷兽的骨头做鼓槌来击打这面鼓，鼓声可以传递到五百里之外，黄帝就是用这个来威震天下的。

大荒南经

跊踢与双双

【原文】

南海之外，赤水之西，流沙之东，有兽，左右有首，名曰跊踢[①]。有三青兽相并，名曰双双。

【注释】

①跊（chù）踢：传说中的野兽。

【译文】

在南海的外边，赤水的西边，流沙的东边，有一种野兽，左右两边各有一个脑袋，名为跊踢。还有三只青色的野兽合并在一块，名为双双。

苍梧之野

【原文】

有阿山者。南海之中，有氾天之山，赤水穷焉。

赤水之东，有苍梧之野，舜与叔均之所葬也。爰有文贝、离俞、鸱久、鹰、贾[①]、委维[②]、熊、罴、象、虎、豹、狼、视肉。

【注释】

①贾：乌鸦。

②委维：即委蛇。

【译文】

有一座山叫阿山。在南海中，有一座氾天山，赤水的终点就是这里。

在赤水的东岸，有一片苍梧野，帝舜与叔均就葬在这里。苍梧野上有花斑贝、离朱鸟、鸱久、老鹰、乌鸦、委蛇、熊、罴、大象、老虎、豹子、狼、视肉兽。

荣山

【原文】

有荣山，荣水出焉。黑水之南，有玄蛇，食麈[①]。

【注释】

①麈（zhǔ）：一种体形较大的鹿，尾巴可以用来制作拂尘。

【译文】

有一座荣山，荣水从这座山发源。在黑水的南岸，有一条黑蛇，这条蛇吃一种体形较大的鹿。

巫山

【原文】

有巫山者，西有黄鸟。帝药，八斋[①]。黄鸟于巫山，司此玄蛇。

【注释】

①斋：屋子。

【译文】

有一座山叫巫山，在巫山的西面有黄鸟。天帝用的灵药，存放在这里的八个屋子中。黄鸟生活在巫山上，看管着黑水南岸的黑蛇。

三身国

【原文】

大荒之中，有不庭之山，荣水穷焉。有人三身。帝俊妻娥皇，生此三身之国。姚姓，黍食，使四鸟。有渊四方，四隅皆达，北属黑水，南属大荒。北旁名曰少和之渊，南旁名曰从渊，舜之所浴也。

【译文】

在大荒中，有一座不庭山，荣水的终点就是这里。这里的人长着三个身体。帝俊的妻子叫娥皇，是娥皇生了这些三身国的子民。国民都姓姚，吃黄米，能驯服使役四种野兽。这里有一个四方形的深渊，四个角都和其他水系连通，北边连接黑水，南边连接大荒。北边的深渊叫少和渊，南边的叫从渊，是帝舜洗澡的地方。

季禺国、羽民国、有卵国

【原文】

又有成山，甘水穷焉。有季禺之国，颛顼之子，食黍。有羽民之国，其民皆生毛羽。有卵民之国，其民皆生卵。

【译文】

又有一座成山，甘水的终点就是这里。有一个季禺国，国民都是颛顼帝的子孙后代，主要吃黄米。还有一个羽民国，国民都长有羽毛。还有个卵民国，国民都能产卵，自己也从卵中所生。

不姜山等

【原文】

大荒之中，有不姜之山，黑水穷焉。又有贾山，汔水出焉。又有言山。又有登备之山。有䞣䞣[1]之山。又有蒲山，澧水出焉。又有隗山，其西有丹，其东有玉。又南有山，漂水出焉。有尾山。有翠山。

【注释】

①䞣䞣（qí qí）：古山名。

【译文】

大荒中，有一座不姜山，是黑水流经的终点。又有一座贾山，是汔水的发源地。还有一座言山。还有一座登备山。有一座䞣䞣山。还有一座蒲山，是澧水的发源地。还有一座隗山，山的西面有蕴藏着丹雘，东面蕴藏着玉石。再往南有一座山，是漂水的发源地。有一座尾山。有一座翠山。

盈民国、不死国

【原文】

有盈民之国，於姓，黍食。又有人方食木叶。

有不死之国，阿姓，甘木[1]是食。

【注释】

①甘木：吃了长生不老的神树。

【译文】

有一个盈民国，国民都姓於，吃黄米。又有人正在吃树叶。

有一个不死国，国民都姓阿，把甘木当作食物。

去痓山

【原文】

大荒之中，有山名曰去痓[①]。南极果，北不成，去痓果。

南海渚中，有神，人面，珥两青蛇，践两赤蛇，曰不廷胡余。

有神名曰因因乎，南方曰因乎，来风曰乎民，处南极以出入风。

【注释】

①去痓（zhì）：山名。

【译文】

在大荒当中，有一座去痓山。山上有一种去痓果，在南面很容易结成果实，在北面就不行。

在南海的岛屿上，有一个神，拥有人的面孔，耳朵上挂着两条青蛇，脚下踏着两条红蛇，名叫不廷胡余。

还有个神叫作因因乎，南方人称他为因乎，从他那边吹来的风称作乎民，这位神身处最南边，管理来往的风。

襄山与季釐国

【原文】

有襄山。又有重阴之山。有人食兽，曰季釐。帝俊生季釐，故曰季釐之国。有缗渊。少昊生倍伐，倍伐降处缗渊。有水四方，名曰俊坛。

【译文】

有一座襄山。又有一座重阴山。有人正在吞食野兽肉，这个人名叫季釐。帝俊生了季釐，所以称作季釐国。有一个地方叫缗渊。少昊生了倍伐，倍伐被贬住在缗渊。有一个四方的水潭，叫作俊坛。

臷民国

【原文】

有臷民[①]之国。帝舜生无淫，降臷处，是谓巫臷民。巫臷民朌姓，食谷，不绩不经[②]，服也；不稼不穑[③]，食也。爰有歌舞之鸟，鸾鸟自歌，凤鸟自舞。爰有百兽，相群爰处。百谷所聚。

【注释】

①臷（zhí）民：古国名。也有叫载民国的。

②不绩不经：不纺衣织布。绩指的是纺线，经指的是织布。

③不稼不穑（sè）：不播种也不收获。稼指的是播种，穑指的是收割庄稼。

【译文】

有一个国家叫臷民国。帝舜生了无淫，后来无淫被贬到臷这个地方，无淫的子孙后代就是所谓的巫臷民。巫臷民都姓朌，吃五谷，不纺线也不织布，不过总有衣服穿；不播种也不收割庄稼，却自有粮食可以吃。这里的鸟都喜爱歌舞，鸾鸟自在地歌唱，凤鸟自在地跳舞。这里有成百上千的野兽，都群居在一起。这里是各种农作物汇聚的地方。

融天山与蜮民国

【原文】

大荒之中，有山名曰融天，海水南入焉。

有人曰凿齿，羿杀之。

有蜮山者，有蜮民之国，桑姓，食黍，射蜮[①]是食。有人方扜弓[②]射黄蛇，名曰蜮人。

【注释】

①蜮（yù）：传说是一种在水里暗中害人的怪物，口含沙粒射人或射人的影子，被射中的就要生疮，被射中影子的也要生病。

②扜（hàn）弓：拉弓，张弓的意思。扜，古同“捍”。

【译文】

大荒中，有一座山叫融天山，这座山的南面有海水流入。

有一个人叫凿齿，是被后羿射死的。

有一座蜮山，山里有个蜮民国，国民都姓桑，吃黄米，也会射死蜮作为食物。有人正在拉开弓准备射黄蛇，这人叫作蜮人。

宋山

【原文】

有宋山者，有赤蛇，名曰育蛇。有木生山上，名曰枫木。枫木，蚩尤所弃其桎梏[①]，是为枫木。

有人方齿虎尾，名曰祖状之尸。

【注释】

①桎梏（zhì gù）：古代的刑具，即手铐、脚镣。传说黄帝抓住蚩尤后，给蚩尤戴上了桎梏等刑具，后来他杀死了蚩尤就把刑具丢弃了，这些刑具化成了枫木树。

【译文】

有一座宋山，山中有一种红色的蛇，叫育蛇。山上有一种树，叫枫木。枫木，是蚩尤死后所丢弃的手铐脚镣，后来化成了的树。

有个人正咬着老虎的尾巴，他叫祖状尸。

焦侥国

【原文】

有小人，名曰焦侥之国，幾姓，嘉谷是食。

【译文】

有一个矮人组成的国家，名叫焦侥国，国民都姓幾，吃的是精致的谷物。

歹涂山

【原文】

大荒之中，有山名歹涂[①]之山，青水穷焉。有云雨之山，有木名曰栾。禹攻[②]云雨。有赤石焉生栾，黄本，赤枝，青叶，群帝焉取药。

【注释】

①朽（xiǔ）涂："朽"同"朽"。古山名。

②攻：这里指砍伐树木。

【译文】

在大荒中，有一座朽涂山，是青水的终点。有一座云雨山，山上有一棵树叫作栾。大禹在云雨山砍伐树木时，发现一个红色的岩石上忽然长出了这棵栾树，这棵树是黄色的树干，红色的树枝，青色的叶子，后来这些上古帝王都会来这里采药。

伯服国等

【原文】

有国曰伯服，颛顼生伯服，食黍。有鼬姓之国。有苕山。又有宗山。又有姓山。又有壑山。又有陈州山。又有东州山。又有白水山，白水出焉，而生白渊，昆吾①之师所浴也。

【注释】

①昆吾：这里指的是夏朝时期的一个诸侯国。相传是颛顼之后陆终长子樊的封国，最后灭于商汤。

【译文】

有一个国家名伯服国，颛顼生了伯服，伯服的子孙建立了伯服国，这里的人都吃黄米。有一个鼬姓国。有一座苕山。还有一座宗山。还有一座姓山。还有一座壑山。还有一座陈州山。还有一座东州山。还有一座白水山，白水从这里发源，然后汇聚成为白渊，白渊是昆吾的师傅洗浴的地方。

张弘国

【原文】

有人曰张弘，在海上捕鱼。海中有张弘之国，食鱼，使四鸟。有人焉，鸟喙，有翼，方捕鱼于海。

【译文】

有个人叫张弘，他正在海上捕鱼。大海之中有个张弘国，那里的人以吃鱼为生，能驯服使役四种野兽。有一个人，他长着鸟嘴，身上有翅膀，正在海上捕鱼。

驩头

【原文】

大荒之中，有人名曰驩头①。鲧妻士敬，士敬子曰炎融，生驩头。驩头人面鸟喙，有翼，食海中鱼，杖翼而行。维宜芑苣，穋杨是食。有驩头之国。

【注释】

①驩（huān）头：传说中的异人。根据描述，可能就是企鹅。

【译文】

大荒中，有个人叫驩头。鲧的妻子叫士敬，士敬的儿子叫炎融，而炎融生了驩头。驩头长着人的脸，鸟的嘴，身上有翅膀，吃海里的鱼，靠着翅膀走路。也吃芑、苣、穋、杨树叶。于是有了一个驩头国。

岳山

【原文】

帝尧、帝喾、帝舜葬于岳山。爰有文贝、离俞、鸱久、鹰、贾、延维、视肉、熊、罴、虎、豹；朱木，赤枝、青华、玄实。有申山者。

【译文】

帝尧、帝喾、帝舜都葬在岳山。这里有花斑贝、离朱鸟、鸱鹰、老鹰、乌鸦、两头蛇、视肉兽、熊、罴、老虎、豹子；还有朱木树，这种树是红色的枝条、青色的花朵、黑色的果实。有一座申山。

天台山

【原文】

大荒之中，有山名曰天台，海水南入焉。

【译文】

大荒中，有一座山叫天台山，这座山的南面有海水流入。

盖犹山与菌人

【原文】

有盖犹之山者，其上有甘柤，枝干皆赤，黄叶，白华，黑实。东又有甘华，枝干皆赤，黄叶。有青马。有赤马，名曰三骓。有视肉。

有小人，名曰菌人。

【译文】

有一座盖犹山，山上长有甘柤树，枝条和茎杆都是红色的，叶子是黄色的，花朵是白色的，结黑色的果实。在这座山的东面还长有甘华树，枝条和茎杆都是红色的，叶子是黄色的。有青色的马。有红色的马，名叫三骓。有视肉兽。

有一种身材矮小的人，叫菌人。

南类山

【原文】

有南类之山。爰有遗玉、青马、三骓、视肉、甘华，百谷所在。

【译文】

有一座南类山。这里有遗玉、青马、三骓马、视肉兽、甘华树，是各种谷物茂盛生长的地方。

大荒西经

不周负子山

【原文】

西北海之外，大荒之隅，有山而不合，名曰不周[①]，有两黄兽守之。有水曰寒暑之水。水西有湿山，水东有幕山。有禹攻共工国山[②]。

【注释】

①不周：传说中共工怒撞不周山，造成这座山断裂。

②禹攻共工国山：传说中大禹杀死共工的大臣相柳的地方。

【译文】

在西北海的外边，大荒的一个角落，有一座山是没有合拢的，叫作不周山，有两头黄色的野兽守护着不周山。有一条水流叫寒暑水。在寒暑水的西面有一座湿山，寒暑水的东面有一座幕山。有一座禹攻共工国山。

淑士国

【原文】

有国名曰淑士，颛顼之子。

【译文】

有一个国家叫淑士国，国民都是颛顼帝的子孙后代。

女娲肠

【原文】

有神十人，名曰女娲之肠，化为神，处栗广之野，横道而处。

【译文】

有十个神人，合称女娲肠，他们都是女娲的肠子所化的神灵，住在名为栗广的原野上，他们都横在道路上生活。

石夷

【原文】

有人名曰石夷,西方曰夷,来风曰韦,处西北隅以司日月之长短。

【译文】

有一个人叫石夷，西方的人称呼他为夷，从他那边吹来的风叫韦，他处在大地的西北角掌管太阳和月亮升起落下时间的长短。

狂鸟

【原文】

有五采之鸟，有冠，名曰狂鸟。

【译文】

有一种长着五彩羽毛的鸟，头上有冠，名叫狂鸟。

白民国长胫国

【原文】

有大泽之长山。有白民之国。

西北海之外，赤水之东，有长胫之国。

【译文】

有一座大泽长山。有一个白民国。

在西北海的外边，赤水的东岸，还有一个长胫国。

西周国

【原文】

有西周之国，姬姓，食谷。有人方耕，名曰叔均。帝俊生后稷，稷降以百谷。稷之弟曰台玺，生叔均。叔均是代其父及稷播百谷，始作耕。有赤国妻氏。有双山。

【译文】

有一个西周国，国民都姓姬，吃谷物。有个人正在耕田，名叫叔均。帝俊生了后稷，后稷把各种谷物从天上带到人间。后稷的弟弟叫台玺，台玺生了叔均。叔均代替父亲和后稷播种各种谷物，最早开始耕田。有个赤国妻氏。有一座双山。

方山

【原文】

西海之外，大荒之中，有方山者，上有青树，名曰柜格之松，日月所出入也。

【译文】

西海的外边，大荒中，有一座方山，山上有棵青色大树，名叫柜格松，是太阳和月亮出没的地方。

天民国

【原文】

西北海之外，赤水之西，有天民之国，食谷，使四鸟。

【译文】

西北海的外边，赤水的西岸，有一个天民国，国民都吃谷物，能驯服驱使四种野兽。

北狄国

【原文】

有北狄之国。黄帝之孙曰始均，始均生北狄。

【译文】

有一个北狄国。黄帝的孙子叫始均，始均的后代子孙，组成了北狄国。

太子长琴

【原文】

有芒山。有桂山。有榣山。其上有人，号曰太子长琴。颛顼生老童，老童生祝融，祝融生太子长琴，是处榣山，始作乐风。

【译文】

有一座芒山。有一座桂山。有一座榣山。山上有一个人，号称太子长琴。颛顼生了老童，老童生了祝融，祝融生了太子长琴，太子长琴住在榣山上，最早开始创作乐曲之风。

三种五采鸟

【原文】

有五采鸟三名：一曰皇鸟，一曰鸾鸟，一曰凤鸟。

有虫状如菟，胸以后者裸不见，青如猨状。

【译文】

有三种长着彩色羽毛的鸟：一种叫皇鸟，一种叫鸾鸟，一种叫凤鸟。

有一种野兽长得像兔子，胸脯后面的部位全都裸露却又看不见，因为它的皮毛是青色的，犹如猿猴，把裸露的地方都遮掩了。

丰沮玉门山

【原文】

大荒之中，有山名曰丰沮玉门，日月所入。

【译文】

大荒中，有一座丰沮玉门山，是太阳和月亮落下的地方。

灵山

【原文】

有灵山，巫咸、巫即、巫朌、巫彭、巫姑、巫真、巫礼、巫抵、巫谢、巫罗十巫，从此升降，百药爰在。

【译文】

有一座灵山，巫咸、巫即、巫朌、巫彭、巫姑、巫真、巫礼、巫抵、巫谢、巫罗十个巫师，从这座山上天和下凡，各种草药都生长在这里。

沃民国

【原文】

有西王母之山、壑山、海山。有沃民之国，沃民是处。沃之野，凤鸟之卵是食，甘露是饮。凡其所欲，其味尽存。爰有甘华、甘柤、白柳、视肉、三骓、璇瑰[①]、瑶碧、白木、琅玕[②]、白丹、青丹，多银、铁。鸾鸟自歌，凤鸟自舞，爰有百兽，相群是处，是谓沃之野。

有三青鸟，赤首黑目，一名曰大鵹[③]，一名少鵹，一名曰青鸟。

有轩辕之台，射者不敢西乡，畏轩辕之台。

【注释】

①璇瑰：一种美玉。

②琅玕（láng gān）：上古传说中的仙树，果实像珠子。

③鵹（lí）：这三只青鸟都是传说中为西王母取食的鸟。

【译文】

有西王母山、壑山、海山。有一个沃民国，是沃民居住的国家。生活在沃野的人，吃的是凤鸟的蛋，喝的是天降的甘露。凡是他们想要的东西，都能在自己的国家吃到。这里还有甘华树、甘柤树、白柳树、视肉兽、三骓马、璇瑰玉、瑶碧玉、白木树、琅玕树、白丹、青丹，还蕴藏着丰富的银、铁。鸾鸟自在地歌唱，凤鸟自在地跳舞，这里有各种野兽，他们都居住在一起，所以这里叫作沃野。

有三只青色大鸟，都是红色的头，黑色的眼睛，一只叫大鵹，一只叫少鵹，一只叫青鸟。

有一座轩辕台，这里射箭的人都不敢向西射，因为他们都敬畏轩辕台。

龙山

【原文】

大荒之中，有龙山，日月所入。

有三泽水，名曰三淖，昆吾之所食也。

【译文】

大荒中，有一座龙山，是太阳和月亮落下的地方。

有三个汇聚成的大水泽，名叫三淖，是昆吾族人获取食物的地方。

女丑尸

【原文】

有人衣青，以袂蔽面，名曰女丑之尸①。

【注释】

①女丑之尸：前文也出现过女丑尸，二者描述并不一致，疑不是同一个女丑尸，女丑可能是一种女巫的代号。

【译文】

有个人穿着青色的衣服，用袖子遮住脸，叫女丑尸。

女子国

【原文】

有女子之国。有桃山。有宝山。有桂山。有于土山。

【译文】

有一个女子国。有一座桃山。还有一座宝山。有一座桂山。有一座于土山。

丈夫国等

【原文】

有丈夫之国。

有弇州[①]之山，五采之鸟仰天，名曰鸣鸟。爰有百乐歌儛之风。

【注释】

①弇（yǎn）州：今兖州。不过弇州山是传说中的山名，无法考证。

【译文】

有一个丈夫国。

有一座弇州山，山上有一种长着五彩羽毛的鸟正仰头长啸，这种鸟叫鸣鸟。

这里有各种歌舞乐曲风行。

轩辕国

【原文】

有轩辕之国。江山之南栖为吉，不寿者乃八百岁。

【译文】

有一个轩辕国。国民把居住在江河与山的南面看作吉祥的事，这个国家的人，就算是寿命短的也至少有八百岁。

弇兹

【原文】

西海陼中，有神，人面鸟身，珥两青蛇，践两赤蛇，名曰弇兹①。

【注释】

①弇兹（yǎn zī）：中国上古传说中的西方海神。

【译文】

在西海的岛屿上，有一个神，长着人的脸、鸟的身体，耳朵上挂着两条青蛇，脚底下踏着两条红蛇，这位神的名字叫弇兹。

日月山

【原文】

大荒之中，有山名曰日月山，天枢也。吴姖天门，日月所入。有神，人面无臂，两足反属于头上，名曰嘘。颛顼生老童，老童生重及黎，帝令重献上天，令黎卬下地，下地是生噎，处于西极，以行日月星辰之行次。

【译文】

大荒中，有一座日月山，是天的枢纽。这座山的主峰叫吴姖天门山，是太阳和月亮落下的地方。有一个神人，长着人的脸孔而没有臂膀，两只脚反转着连在头上，名叫嘘。帝颛顼生了老童，老童生了重和黎，帝颛顼命令重托住天，又让黎按住地。于是黎来到地上，后来生了噎，噎就在大地的最西端，主管着太阳、月亮和星辰运行的先后次序。

天虞

【原文】

有人反臂，名曰天虞。

【译文】

有一个人臂膀是反过来长的，名叫天虞。

常羲

【原文】

有女子方浴月。帝俊妻常羲，生月十有二，此始浴之。

【译文】

有个女子正在洗月亮。帝俊的妻子常羲，生了十二个月亮，开始给月亮洗澡。

玄丹山

【原文】

有玄丹之山。有五色之鸟，人面有发。爰有青鸡、黄鷔，青鸟、黄鸟，其所集者其国亡。

【译文】

有一座玄丹山。在玄丹山上有一种长着五彩羽毛的鸟，长着一副人的面孔而且有头发。这里还有青鸡、黄鷔，这种青色的鸟、黄色的鸟，它们在哪个国家聚集栖息，哪个国家就会灭亡。

孟翼攻颛顼池

【原文】

有池，名孟翼之攻颛顼之池。

【译文】

有个水池，名叫孟翼攻颛顼池。

鏖鏊钜山

【原文】

大荒之中，有山名曰鏖鏊钜[①]，日月所入者。

【注释】

①鏖鏊钜（áo ào jù）：古山名。

【译文】

大荒中，有一座山名叫鏖鏊钜山，是太阳和月亮落下的地方。

屏蓬

【原文】

有兽，左右有首，名曰屏蓬。

【译文】

有一种野兽，左边和右边各长着一个头，名叫屏蓬。

巫山

【原文】

有巫山者。有壑山者。有金门之山，有人名曰黄姖之尸。有比翼之鸟。有白鸟，青翼、黄尾、玄喙。有赤犬，名曰天犬，其所下者有兵。

【译文】

有一座巫山。有一座壑山。有一座金门山，山上有个人叫黄姖尸。有一种比翼鸟。有一种白鸟、长着青色的翅膀、黄色的尾巴，黑色的嘴。有一种红色的狗，叫天犬，天犬降临的地方会发生战争。

昆仑丘

【原文】

西海之南，流沙之滨，赤水之后，黑水之前，有大山，名曰昆仑之丘。有神——人面虎身，有文有尾，皆白——处之。其下有弱水之渊环之，其外有炎火之山，投物辄然。有人戴胜，虎齿，有豹尾，穴处，名曰西王母。此山万物尽有。

【译文】

在西海的南面，流沙的岸边，赤水的后面，黑水的前面，有一座大山，叫昆仑丘。山上有一个神——长着人的脸、老虎的身体，身上和尾巴有花纹，都是白色的——住在山中。昆仑山下有条弱水积聚的深渊环绕，深渊的外边有一座炎火山，东西一扔进去就会立刻燃烧。有一位神人，头上戴着玉制首饰，长着老虎般的牙齿，豹子的尾巴，居住在洞穴里，她就是西王母。这座山上世间万物应有尽有。

常阳山

【原文】

大荒之中，有山名曰常阳之山，日月所入。

【译文】

大荒中，有一座山名叫常阳山，是太阳和月亮落下的地方。

寒荒国

【原文】

有寒荒之国。有二人女祭、女薎。

【译文】

有一个寒荒国。这里有两个人叫女祭、女薎。

寿麻国

【原文】

有寿麻之国。南岳娶州山女，名曰女虔。女虔生季格，季格生寿麻。寿麻正立无景，疾呼无响。爰有大暑，不可以往。

【译文】

有个国家叫寿麻国。南岳娶了州山的女儿为妻，她的名字叫女虔。女虔生了季格，季格生了寿麻。寿麻即使站在太阳下也看不到影子，高声疾呼也没有一点回声。这里非常酷热，人无法前往。

夏耕尸

【原文】

有人无首，操戈盾立，名曰夏耕之尸[①]。故成汤[②]伐夏桀[③]于章山，克之，斩耕厥[④]前。耕既立，无首，走厥咎，乃降于巫山。

【注释】

①夏耕之尸：这个人物的描述与刑天非常像，据说是刑天的后裔。

②成汤：商朝开国君主，打败了夏朝的最后一位君主夏桀。也叫商汤。

③夏桀：夏朝最后一位君主，是历史上有名的暴君。商汤在名相伊尹的谋划下，起兵伐桀，先攻灭桀的党羽豕韦、顾国，击败昆吾国，然后俘获了夏桀，将他放逐于南巢，于是夏朝覆亡。

④厥：这里指代夏桀。后文指代成汤。

【译文】

有个人没有脑袋，手拿一把戈和一面盾牌站立着，他叫夏耕尸。曾经成汤讨伐夏桀，在章山击败了夏桀，在夏桀面前斩杀了夏耕。夏耕的尸体站起来后，发现自己没有了脑袋，为了躲避追杀，于是逃到了巫山。

吴回

【原文】

有人名曰吴回，奇左，是无右臂。

【译文】

有个人名叫吴回，只有左臂膀，没有右臂膀。

盖山国

【原文】

有盖山之国。有树，赤皮枝干，青叶，名曰朱木。

有一臂民。

【译文】

有个盖山国。这里有一种树，树皮、树枝、树干都是红色的，叶子是青色的，名叫朱木。

有一种只长一条臂膀的臂民。

大荒山

【原文】

大荒之中，有山名曰大荒之山，日月所入。

【译文】

大荒中，有一座山，名叫大荒山，是太阳和月亮落下的地方。

大荒野

【原文】

有人焉三面，是颛顼之子，三面一臂，三面之人不死，是谓大荒之野。

【译文】

有一种人的头上三面各长着一张面孔，是颛顼的子孙后代，三张面孔一只胳膊，这种有三张面孔的人永远不死，这里就是所谓的大荒野。

夏后开

【原文】

西南海之外，赤水之南，流沙之西，有人珥两青蛇，乘两龙，名曰夏后开①。开上三嫔于天，得《九辩》与《九歌》②以下。此天穆之野，高二千仞，开焉得始歌《九招》。

【注释】

①夏后开：夏启，夏朝的开国君主。因避讳汉景帝刘启的名讳而写成夏后开。

②《九辩》与《九歌》：这里不是《楚辞》的篇名，是传说中的乐曲。

【译文】

在西南海以外，赤水的南岸，流沙的西面，有个人耳朵上挂着两条青蛇，驾着两条龙，名叫夏后开。夏后开曾三次到天帝那里做客，得到天帝的乐曲《九辩》和《九歌》后又回到人间。这里就是所谓的天穆野，高达二千仞，夏后开在此开始演奏《九招》。

氐人国

【原文】

有氐人之国。炎帝之孙名曰灵恝，灵恝生氐人，是能上下于天。

【译文】

有一个氐人国。炎帝的孙子叫灵恝，灵恝生了氐人，氐人能上天入地。

鱼妇

【原文】

有鱼偏枯，名曰鱼妇，颛顼死即复苏。风道[1]北来，天及大水泉，蛇乃化为鱼，是为鱼妇。颛顼死即复苏。

【注释】

①道：从。

【译文】

有一种鱼的身体半边是干枯的，名叫鱼妇，是颛顼死而复生之后所化的鱼。风从北方吹来，天下才出现了许多的泉水，蛇于是就化为了鱼，这就是鱼妇。颛顼把生命寄托在鱼妇的身体里，死而复苏。

鸀鸟

【原文】

有青鸟，身黄，赤足，六首，名曰鸀鸟[1]。

【注释】

①鸀（chù）鸟：传说中的鸟名。

【译文】

有一种青色的鸟，黄色的身体，红色的脚，有六个头，名叫䲨鸟。

大巫山

【原文】

有大巫山。有金之山。西南，大荒之隅，有偏句、常羊之山。

【译文】

有一座大巫山。有一座金山。在西南方，大荒的一个角落中，有偏句山、常羊山。

大荒北经

附禺山

【原文】

东北海之外，大荒之中，河水之间，附禺[①]之山，帝颛顼与九嫔葬焉。爰有鸱久、文贝、离俞[②]、鸾鸟、凤鸟、大物、小物[③]。有青鸟、琅鸟[④]、玄鸟[⑤]、黄鸟、虎、豹、熊、罴、黄蛇、视肉、璿、瑰、瑶、碧，皆出卫丘山。丘方员三百里，丘南帝俊竹林在焉，大可为舟。竹南有赤泽水，名曰封渊。有三桑无枝，皆高百仞。丘西有沈渊，颛顼所浴。

【注释】

①附禺：山名。与前文中的务禺山、鲋鱼山是同一座山。

②离俞：离朱鸟。

③大物、小物：殉葬用的大小物品。

④琅鸟：白鸟。

⑤玄鸟：燕子。

【译文】

在东北海外边，大荒中，黄河水经过的地方，有一座附禺山，颛顼帝和他的九位妃嫔就葬在这里。这里有鹞鹰、花斑贝、离朱鸟、鸾鸟、凤鸟、颛顼帝的各种陪葬之物。有青鸟、琅鸟、燕子、黄鸟、老虎、豹子、熊、罴、黄蛇、视肉兽、璿瑰玉、瑶碧玉，都从卫丘山出产。卫丘方圆三百里，南面有帝俊的竹林，竹子大得可以做成小船。竹林的南面有红色的湖水，名为封渊。这里有三棵桑树，上面没有枝条，都高百仞。卫丘的西面有一个沈渊，那是颛顼沐浴的地方。

胡不与国

【原文】

有胡不与之国，烈姓，黍食。

【译文】

有一个胡不与国，国民都姓烈，吃黄米。

不咸山与肃慎氏国

【原文】

大荒之中，有山，名曰不咸。有肃慎氏之国。有蜚蛭[①]，四翼。有虫[②]，兽首蛇身，名曰琴虫。

【注释】

①蜚蛭（fěi zhì）：传说中的一种四翼飞虫。

②虫：这里指的是蛇。

【译文】

大荒中，有一座山，名字叫不咸山。有一个肃慎氏国。有一种能飞的蛭，长着四只翅膀。有一种蛇，长着野兽的头、蛇的身体，叫琴虫。

大人国

【原文】

有人名曰大人。有大人之国，釐姓，黍食。有大青蛇，黄头，食麈。

有榆山。有鲧攻程州之山。

【译文】

有一种人名叫大人。有一个大人国，国民都姓釐，吃黄米。有一种大青蛇，长着黄色的脑袋，能吞食大鹿。

有一座榆山。有一座鲧攻程州山。

衡天山与先民山

【原文】

大荒之中，有山名曰衡天。有先民之山。有槃木千里。

【译文】

大荒中，有一座山名叫衡天山。有一座先民山。有一棵盘旋弯曲一千里的大树。

叔歜国

【原文】

有叔歜[①]国，颛顼之子，黍食，使四鸟：虎、豹、熊、罴。有黑虫如熊状，名曰猎猎[②]。

【注释】

①叔歜（chù）：古国名。

②猎猎（xī xī）：传说中的野兽。

【译文】

有一个叔歜国，国民都是颛顼的子孙后代，吃黄米，能驯服驱使四种野兽：老虎、豹子、熊和罴。有一种长得像熊的黑色野兽，名叫猎猎。

北齐国

【原文】

有北齐之国，姜姓，使虎、豹、熊、罴。

【译文】

有一个北齐国，国民都姓姜，能驯服驱使老虎、豹子、熊和罴。

先槛大逢山

【原文】

大荒之中，有山名曰先槛大逢之山，河济所入，海北注焉。其西有山，名曰禹所积石。

【译文】

大荒中，有一座山叫先槛大逢山，是黄河和济水流入的地方，山的北面有海水注入。山的西边有一座山，名叫禹所积石山。

始州国

【原文】

有阳山者。有顺山者，顺水出焉。有始州之国，有丹山。

有大泽方千里，群鸟所解[①]。

【注释】

①解：鸟类更换羽毛。

【译文】

有一座阳山。有一座顺山，顺水从这座山发源。有一个始州国，国中有一座丹山。

有一片大泽方圆千里，是各种鸟类换羽毛的地方。

毛民国

【原文】

有毛民之国，依姓，食黍，使四鸟。禹生均国，均国生役采，役采生修鞈，修鞈杀绰人[①]。帝念之，潜为之国，是此毛民。

【注释】

①绰人：传说中的神仙灶王爷的前身。

【译文】

有一个毛民国，国民都姓依，吃黄米，能驯服驱使四种野兽。大禹生了均国，均国生了役采，役采生了修鞈，修鞈杀了绰人。大禹哀念绰人，偷偷帮绰人的子孙建立了国家，就是毛民国。

儋耳国

【原文】

有儋耳之国，任姓，禺号子，食谷。北海之渚中，有神，人面鸟身，珥两青蛇，践两赤蛇，名曰禺彊[①]。

【注释】

①禺彊：上古传说中北海的海神。

【译文】

有一个儋耳国，国民都姓任，是神人禺号的子孙后代，主要吃谷物。在北海的岛屿上，有一个神，长着人的脸，鸟的身体，耳朵上挂着两条青蛇，脚底下踩着两条红蛇，名叫禺彊。

北极天柜山

【原文】

大荒之中，有山名曰北极天柜，海水北注焉。有神，九首人面鸟身，名曰九凤。又有神，衔蛇操蛇，其状虎首人身，四蹄长肘，名曰彊良。

【译文】

大荒中，有一座山叫北极天柜山，山的北面有海水注入。有一位神，有九个脑袋，人的脸，鸟的身体，名叫九凤。还有一个神，嘴里衔着蛇，手中握着蛇，长着老虎的头，人的身体，有四个蹄子，很长的手肘，名叫彊良。

成都载天山

【原文】

大荒之中，有山名曰成都载天。有人珥两黄蛇，把两黄蛇，名曰夸父。后土生信，信生夸父。夸父不量力，欲追日景，逮之于禺谷。将饮河而不足也，将走大泽，未至，死于此。应龙已杀蚩尤，又杀夸父[1]，乃去南方处之，故南方多雨。

【注释】

①又杀夸父：这里与前文夸父渴死矛盾。可能是笔误，也可能夸父指的是一类巨人，而不是某一个特定的人。

【译文】

大荒中，有一座山叫成都载天山。有一个人的耳朵上挂着两条黄蛇，手上握着两条黄蛇，名叫夸父。后土生了信，信生了夸父。夸父不自量力，想要追赶太阳的光影，一直追到禺谷。夸父想喝黄河水解渴，喝完了也不解渴，就想跑到北方去喝大泽里的水，结果人还没到，就渴死在成都载天山。应龙在杀了蚩尤以后，又杀了夸父，因他的神力耗尽上不了天，就去南方居住，所以南方的雨水很多。

无肠国

【原文】

又有无肠之国，是任姓，无继子，食鱼。

【译文】

还有一个无肠国，国民都姓任。他们是无继国人的子孙后代，吃鱼。

相繇

【原文】

共工之臣名曰相繇[1]，九首蛇身，自环，食于九山。其所歍所尼，即为源泽，不辛乃苦，百兽莫能处。禹湮洪水，杀相繇，其血腥臭，不可生谷，其地多水，不可居也。禹湮之，三仞三沮，乃以为池，群帝因是以为台。在昆仑之北。

【注释】

①相繇：即前文中出现的相柳，传说中的凶神。

【译文】

共工有一位臣子叫相繇，相繇有九个头，蛇的身体，自行盘绕成一团，九个头分别在九座山进食。他张口一吐的地方，就会变成大沼泽，气味不是辛辣就是苦涩，任何野兽都无法居住。大禹堵塞洪水，杀死了相繇，而相繇的血又腥又臭，沾染过的地方谷物无法生长，那地方还会水涝成灾，使人不能居住。大禹填塞那些土地，多次填满，又多次坍塌，于是干脆把这里挖成一个大池子，诸帝就利用挖出的泥土造了几座祭台。诸帝祭台位于昆仑山的北面。

岳山

【原文】

有岳之山，寻竹[①]生焉。

【注释】

①寻竹：传说中的大竹。

【译文】

有一座岳山，一种高大的寻竹就生长在这座山上。

不句山

【原文】

大荒之中，有山名不句，海水北入焉。

【译文】

大荒中，有一座山叫不句山，山的北面有海水注入。

黄帝女魃

【原文】

有系昆之山者，有共工之台，射者不敢北乡。有人衣青衣，名曰黄帝女魃。蚩尤作兵伐黄帝，黄帝乃令应龙攻之冀州之野。应龙畜水，蚩尤请风伯雨师，纵大风雨。黄帝乃下天女曰魃，雨止，遂杀蚩尤。魃不得复上，所居不雨。叔均言之帝，后置之赤水之北。叔均乃为田祖。魃时亡之。所欲逐之者，令曰："神北行！"先除水道，决通沟渎。

【译文】

有一座山叫系昆山，上面有共工台，射箭的人因敬畏共工的威灵而不敢朝北方射箭。有一个人穿着青色衣服，名叫黄帝女魃。蚩尤制造了多种兵器用来攻击黄帝，黄帝便派应龙到冀州的原野去攻打蚩尤。应龙蓄积了很多水，而蚩尤请来风伯和雨师，制造了一场大风雨。黄帝就降下名叫魃的天女来助战，雨被止住了，于是应龙杀死蚩尤。女魃因神力耗尽而不能再回到天上，她居住的地方没有一点雨水。叔均将此事禀报给黄帝，后来黄帝就把女魃安置在赤水的北面。叔均便做了田神。女魃常常逃亡，所到之处就会出现旱情。当地的人们要想驱逐她，就会祷告说："神啊，请向北去吧！”祷告之前要事先清理水道，疏通大小沟渠。

深目民国

【原文】

有人方食鱼，名曰深目民之国，盼姓，食鱼。

【译文】

有人正在吃鱼，国名叫深目民国，国民都姓盼，吃鱼类。

赤水女子魃

【原文】

有锺山者。有女子衣青衣，名曰赤水女子魃①。

【注释】

①魃：为前文的女魃，被贬到了赤水。

【译文】

有一座锺山。有一个穿青色衣服的女子，名叫赤水女子魃。

融父山

【原文】

大荒之中，有山名曰融父山，顺水入焉。

【译文】

大荒中，有一座山名叫融父山，顺水就流入这座山。

犬戎

【原文】

有人名曰犬戎。黄帝生苗龙，苗龙生融吾，融吾生弄明，弄明生白犬，白犬有牝牡，是为犬戎，肉食。有赤兽，马状无首，名曰戎宣王尸。

【译文】

有一种人名叫犬戎。黄帝生了苗龙，苗龙生了融吾，融吾生了弄明，弄明生了白犬，这白犬雌雄同体，可以自相交配繁衍，便有了犬戎族人，这族人吃肉类食物。有一种红色的野兽，外形像马却没有头，名叫戎宣王尸。

齐州山等

【原文】

有山名曰齐州之山、君山、鬵山①、鲜野山、鱼山。

【注释】

①鬵（qián）山：古山名。

【译文】

有几座山分别叫作齐州山、君山、鬵山、鲜野山、鱼山。

一目人、无继民

【原文】

有人一目，当面中生。一曰是威姓，少昊之子，食黍。

有无继民，无继民任姓，无骨子，食气、鱼。

【译文】

有一种人长着一只眼睛，这只眼睛长在脸的正中间。另一种说法认为他们姓威，是少昊的子孙后代，吃黄米。

有一种人称作无继民，无继民都姓任，是无骨民的子孙后代，吃的是鱼类，并擅长吐纳。

中褊国

【原文】

西北海外，流沙之东，有国名曰中褊①，颛顼之子，食黍。

【注释】

①中褊（biǎn）：古国名。褊是小车的意思。

【译文】

在西北方的海外，流沙的东方，有一个国家叫中褊国，国民是颛顼的子孙后代，吃黄米。

赖丘国

【原文】

有国名曰赖丘。有犬戎国。有人，人面兽身，名曰犬戎。

【译文】

有一个国家名叫赖丘。有一个犬戎国。有一种人，长着人的脸，野兽的身体，叫犬戎人。

苗民

【原文】

西北海外，黑水之北，有人有翼，名曰苗民。颛顼生驩头，驩头生苗民，苗民釐姓，食肉。有山名曰章山。

大荒之中，有衡石山、九阴山、灰野之山，上有赤树，青叶，赤华，名曰若木。

【译文】

在西北方的海外，黑水的北岸，有一种人长着翅膀，名叫苗民。颛顼生了驩头，驩头生了苗民，苗民都姓釐，吃肉。有一座山名叫章山。

大荒中，有衡石山、九阴山、灰野山，山上有一种红色的树木，有青色的叶子，红色的花朵，名叫若木。

牛黎国

【原文】

有牛黎之国。有人无骨，儋耳之子。

【译文】

有一个牛黎国。国民身上没有骨头，是儋耳国人的子孙后代。

烛龙

【原文】

西北海之外，赤水之北，有章尾山。有神，人面蛇身而赤，身长千里，直目正乘[①]，其瞑乃晦，其视乃明，不食，不寝，不息，风雨是谒[②]。是烛九阴[③]，是谓烛龙。

【注释】

①乘：这里是缝的意思。

②谒：这里谒通“噎”，表示吞食，吞咽。

③九阴：指极为阴暗的地方。

【译文】

在西北方的海外，赤水的北岸，有一座章尾山。山上有一个神，长着人的脸，蛇的身体，全身通红，身体长达一千里，眼睛的瞳孔是竖着长的，正中是一条缝，这位神合上眼睛就是天黑，睁开眼睛就是白天，他不用吃饭，不用睡觉，也不呼吸，吞食风雨就可以。因为能够照亮极为阴暗的地方，所以叫作烛龙。

海内经

朝鲜与天毒

【原文】

东海之内，北海之隅，有国名曰朝鲜[①]、天毒[②]，其人水居，偎[③]人爱人。

【注释】

①朝鲜：就是现在的朝鲜半岛。

②天毒：古人认为天毒就是天竺，但如今看来明显地理上不符合。

③偎：怜悯。

【译文】

东海以内，北海的一个角落，有一个国家名叫朝鲜，还有一个国家叫天毒，天毒国的人住在水边，傍水而居，待人充满怜悯与慈爱。

壑市

【原文】

西海之内，流沙之中，有国名曰壑市。

【译文】

西海以内，流沙中央，有一个国家叫壑市国。

氾叶

【原文】

西海之内，流沙之西，有国名曰氾叶。

【译文】

西海以内，流沙的西方，有一个国家叫氾叶国。

鸟山

【原文】

流沙之西，有鸟山者，三水出焉。爰有黄金、璿瑰、丹货、银铁，皆流于此中。又有淮山，好水出焉。

【译文】

流沙的西面，有一座鸟山，有三条河水从这里发源。这里有黄金、璿瑰玉、丹货、银铁，全都蕴藏在水中。还有一座淮山，好水从这座山发源。

韩流

【原文】

流沙之东，黑水之西，有朝云之国、司彘之国。黄帝妻雷祖，生昌意，昌意降处若水，生韩流。韩流擢首①、谨耳②、人面、豕喙、麟身、渠股③、豚止，取淖子④曰阿女，生帝颛顼。

【注释】

①擢（zhuó）首：长脖子。擢这里有拉拔，伸长的意思。

②谨耳：小小的耳朵。谨，细小的意思。

③渠股：就是罗圈腿的意思。

④淖（zhuō）子：部族的名字，淖子氏族。

【译文】

在流沙的东面，黑水的西岸，有一个朝云国和一个司彘国。黄帝的妻子是雷祖，雷祖生了昌意，昌意从天上来到若水，生了韩流。韩流有长长的脖子、小小的耳朵、人类的脸孔、野猪的嘴巴、麒麟的身体、罗圈腿、小猪一样的蹄子，韩流娶了淖子族中一个名叫阿女的人作为妻子，后来生了颛顼帝。

不死山

【原文】

流沙之东，黑水之间，有山名不死之山。

【译文】

流沙的东方，黑水流经的地方，有一座不死山。

肇山

【原文】

华山青水之东，有山名曰肇山。有人名曰柏子高[①]，柏子高上下于此，至于天。

【注释】

①柏子高：传说中的仙人。

【译文】

在华山青水的东面，有一座肇山。有一个仙人名叫柏子高，柏子高从肇山上上下下，可以直达天界。

都广野

【原文】

西南黑水之间，有都广之野，后稷葬焉。其城方三百里，盖天地之中，素女所出也。爰有膏菽[①]、膏稻、膏黍、膏稷，百谷自生，冬夏播琴[②]。鸾鸟自歌，凤鸟自舞，灵寿实华，草木所聚。爰有百兽，相群爰处。此草也，冬夏不死。

【注释】

①膏菽：味道很好的豆类植物。膏表示味美光滑如膏，菽是豆类植物的统称。

②播琴：播种。

【译文】

在西南方黑水经过的区域，有一个地方叫都广野，是埋葬后稷的地方。它的疆域方圆有三百里，是天和地的中心，有名的神女素女便出现在这里。这里出产膏菽、膏稻、膏黍、膏稷，各种谷物自然生长，无论冬天还是夏天都可以播种。在这里，鸾鸟自在地歌唱，凤鸟自在地舞蹈，灵寿树开花结果，草木汇聚丛生。这里有非常多的飞禽走兽，它们都住在一起，和睦相处。这里的草，无论冬夏，都不会枯死。

若木

【原文】

南海之内，黑水青水之间，有木名曰若木，若水出焉。

【译文】

南海以内，黑水和青水中间，有一种树木叫若木，若水就是从若木的地下发源的。

禺中国等

【原文】

有禺中之国。有列襄之国。有灵山，有赤蛇在木上，名曰蝡蛇[①]，木食。

【注释】

①蝡蛇：外形似蠕虫，如细丝一般，它是无毒无害、洞栖蛇类的俗称。

【译文】

有一个禺中国。有一个列襄国。有一座灵山，山中的树上有一种红色的蛇，叫蝡蛇，这种蛇以吃树木为生。

盐长国

【原文】

有盐长之国。有人焉鸟首，名曰鸟氏。

【译文】

有一个盐长国。这里的人长着鸟一样的脑袋，所以叫作鸟氏。

九丘

【原文】

有九丘，以水络之：名曰陶唐之丘、叔得之丘、孟盈之丘、昆吾之丘、黑白之丘、赤望之丘、参卫之丘、武夫之丘、神民之丘。有木，青叶紫茎，玄华黄实，名曰建木，百仞无枝，上有九欘[①]，下有九枸，其实如麻，其叶如芒，大皞[②]爰过，黄帝所为。

【注释】

①欘（zhú）：树木弯曲的地方。

②大皞（hào）：又名太昊、太皓，传说中的上古帝王。

【译文】

有九座山丘，都被水环绕，名称分别是陶唐丘、叔得丘、孟盈丘、昆吾丘、黑白丘、赤望丘、参卫丘、武夫丘、神民丘。有一种树木，有青色的叶子、紫色的茎杆、黑色的花朵、黄色的果实，叫作建木，高达一百仞的树干上不生长枝条，而树顶上有九根弯曲的枝桠，树底下有九条盘旋的根，它的果实像麻子，叶子像芒树叶。大皞凭借建木登上天界，而种建木的人是黄帝。

窫窳

【原文】

有窫窳[①]，龙首，是食人。有青兽，人面，名曰猩猩。

【注释】

①窫窳（yà yǔ）：传说中的野兽。

【译文】

有一种野兽叫窫窳，长着龙的头，会吃人。还有一种青色的野兽，长着人的脸，叫猩猩。

巴国

【原文】

西南有巴国。大皞生咸鸟，咸鸟生乘釐，乘釐生后照，后照是始为巴人。

【译文】

西南有一个巴国。大皞生了咸鸟，咸鸟生了乘釐，乘釐生了后照，而后照就是巴国人的祖先。

流黄辛氏国

【原文】

有国名曰流黄辛氏，其域中方三百里，其出是麈。有巴遂山，渑水出焉。

【译文】

有一个国家叫流黄辛氏国，这个国家的疆域有方圆三百里，出产一种叫麈的大鹿。有一座巴遂山，渑水从这座山发源。

朱卷国

【原文】

又有朱卷之国。有黑蛇，青首，食象。

【译文】

还有一个朱卷国。这里有一种黑色的大蛇，长着青色的头，能吞下大象。

赣巨人

【原文】

南方有赣巨人，人面长唇，黑身有毛，反踵，见人则笑，唇蔽其面，因可逃也。

【译文】

南方有一种赣巨人，长着人脸，嘴唇很长，身体是黑色的，长满了毛，脚尖和脚跟反着长，一看见人就笑，他一笑嘴唇就会遮住他的脸，别人就可以趁机逃走。

黑人

【原文】

又有黑人，虎首鸟足，两手持蛇，方啖之。

【译文】

还有一种黑人，长着老虎的头、鸟的爪子，两只手握着蛇，正在吞食它。

嬴民

【原文】

有嬴民，鸟足。有封豕[1]。

【注释】

①封豕：一种大野猪。

【译文】

有一种人叫嬴民，长着鸟爪。还有大野猪。

苗民

【原文】

有人曰苗民。有神焉，人首蛇身，长如辕，左右有首，衣紫衣，冠旃[1]冠，名曰延维，人主得而飨食之，伯天下。

【注释】

①旃（zhān）：这里指红色。

【译文】

有一种人称作苗民。这地方有一个神，长着人的脑袋、蛇的身体，身躯长得像车辕，左右各有一个脑袋，身穿紫色衣服，头戴红色帽子，名叫延维，一国之君得到它后加以奉飨祭祀，便可以称霸天下。

鸾鸟等

【原文】

有鸾鸟自歌，凤鸟自舞。凤鸟首文曰“德”，翼文曰“顺”，膺文曰“仁”，背文曰“义”，见则天下和。

又有青兽如菟，名曰□狗[①]。有翠鸟。有孔鸟。

【注释】

①□（jùn）狗：长得像兔子的野兽。

【译文】

有鸾鸟自由地歌唱，凤鸟自由地舞蹈。凤鸟头上的花纹是“德”字，翅膀上的花纹是“顺”字，胸脯上的花纹是“仁”字，脊背上的花纹是“义”字，它一出现就会天下太平。

又有一种像兔子的青色野兽，名叫□狗。有翠鸟。有孔雀。

三天子都山等

【原文】

南海之内，有衡山，有菌山，有桂山。有山名三天子之都。

南方苍梧之丘，苍梧之渊，其中有九嶷山，舜之所葬。在长沙零陵界中。

【译文】

在南海以内，有一座衡山，有一座菌山，有一座桂山。有一座山叫三天子都山。

南方有一片山丘叫苍梧丘，还有一个深渊叫苍梧渊，在苍梧丘和苍梧渊的中间有一座九嶷山，帝舜就葬在这里。九嶷山位于长沙零陵境内。

蛇山与翳鸟

【原文】

北海之内，有蛇山者，蛇水出焉，东入于海。有五采之鸟，飞蔽一乡，名曰翳鸟[①]。又有不距之山，巧倕[②]葬其西。

【注释】

①翳（yì）鸟：传说中有五彩羽毛的鸟。

②巧倕：相传帝尧时期的巧匠名倕，故称巧倕。

【译文】

北海内，有一座蛇山，蛇水从蛇山发源，向东流入大海。有一种长着五彩羽毛的鸟，成群结队飞起的时候可以遮蔽乡村上空，这种鸟叫翳鸟。还有一座不距山，巧倕就葬在不距山的西面。

相顾尸

【原文】

北海之内，有反缚盗械、带戈常倍之佐，名曰相顾之尸。

【译文】

在北海以内，有一个被反绑戴着刑具、带着戈意图叛乱的臣子，名叫相顾尸。

伯夷父

【原文】

伯夷父生西岳，西岳生先龙，先龙是始生氐羌，氐羌乞姓。

【译文】

伯夷父生了西岳，西岳生了先龙，先龙的后代子孙便是氐羌，氐羌人都姓乞。

幽都山

【原文】

北海之内，有山，名曰幽都之山，黑水出焉。其上有玄鸟、玄蛇、玄豹、玄虎、玄狐蓬尾①。有大玄之山。有玄丘之民。有大幽之国。有赤胫之民。

【注释】

①蓬尾：毛蓬蓬的尾巴。

【译文】

北海以内，有一座山，名叫幽都山，黑水从这座山发源。山上有黑鸟、黑蛇、黑豹、黑虎，有尾巴蓬松的黑色狐狸。还有一座大玄山。有玄丘民。有一个大幽国。有一种小腿是红色的人。

钉灵国

【原文】

有钉灵之国，其民从厀以下有毛，马蹄善走。

【译文】

有一个钉灵国，这里的人膝盖以下都长着毛，长着马的蹄子，很善于奔跑。

伯陵

【原文】

炎帝之孙伯陵，伯陵同[①]吴权之妻阿女缘妇，缘妇孕三年，是生鼓、延、殳。殳始为侯，鼓、延是始为钟[②]，为乐风。

【注释】

①同：这里通“通”，表示私通。

②钟：这里的钟是古代的打击乐器。

【译文】

炎帝的孙子叫伯陵，伯陵与吴权的妻子阿女缘妇私通，阿女缘妇怀孕三年，后来生下鼓、延、殳三个孩子。殳是最早发明箭靶的人，鼓和延二人发明了钟，创作了乐曲和音律。

鲧

【原文】

黄帝生骆明，骆明生白马，白马是为鲧。

【译文】

黄帝生了骆明，骆明生了白马，白马就是鲧。

禺号等

【原文】

帝俊生禺号，禺号生淫梁，淫梁生番禺，是始为舟。番禺生奚仲，奚仲生吉光，吉光是始以木为车。

【译文】

帝俊生了禺号，禺号生了淫梁，淫梁生了番禺，番禺最早发明了船。番禺生了奚仲，奚仲生了吉光，这位吉光是最早用木头制作车子的人。

般

【原文】

少皞生般，般是始为弓矢。

【译文】

少皞生了般，般是最早发明弓箭的人。

羿

【原文】

帝俊赐羿彤弓素矰，以扶下国，羿是始去恤下地之百艰。

【译文】

帝俊赏赐给后羿红色的弓和白色的矰箭，用他的射箭技艺去扶助下界各国，后羿于是开始解救世上百姓的困苦。

晏龙等

【原文】

帝俊生晏龙，晏龙是为琴瑟。

帝俊有子八人，是始为歌舞。

帝俊生三身，三身生义均，义均是始为巧倕，是始作下民百巧。后稷是播百谷。稷之孙曰叔均，是始作牛耕。大比赤阴，是始为国。禹、鲧是始布土，均定九州。

【译文】

帝俊生了晏龙，晏龙是最早发明琴和瑟这两种乐器的人。

帝俊有八个儿子，他们创作了歌曲和舞蹈。

帝俊生了三身，三身生了义均，义均便是所谓的巧倕，从此开始发明了世间的种种工艺技巧。后稷播种各种农作物。后稷的孙子叫叔均，叔均最早发明用牛耕田。后稷的母亲姜嫄，最早建立了国家。大禹和鲧最早挖掘泥土治理洪水，度量划定九州。

炎帝妻子

【原文】

炎帝之妻，赤水之子听訞生炎居，炎居生节并，节并生戏器，戏器生祝融。祝融降处于江水，生共工。共工生术器，术器首方颠，是复土壤，以处江水。共工生后土，后土生噎鸣，噎鸣生岁十有二。

【译文】

炎帝的妻子，即赤水氏的女儿听訞生下炎居，炎居生了节并，节并生了戏器，戏器生了祝融。祝融降临到江水居住，便生了共工。共工生了术器。术器的头是平顶方形的，他恢复了祖父祝融的土地，从而又住在江水。共工生了后土，后土生了噎鸣，噎鸣生了一年中的十二个月。

禹

【原文】

洪水滔天。鲧窃帝之息壤[①]以堙洪水，不待帝命。帝令祝融杀鲧于羽郊。鲧复生禹。帝乃命禹卒布土以定九州。

【注释】

①息壤：传说中会自生自长，永远不会消耗殆尽的土壤。

【译文】

某个时期洪水滔天。鲧没有等待天帝的命令就偷取了息壤来堵塞洪水。天帝派祝融把鲧杀死在羽山的郊野。禹从鲧尸体的肚子中出生。后来，天帝就命令禹挖掘泥土治理洪水，并定下了九州的疆域。

图书在版编目（CIP）数据

山海经 / 小岩井译注. — 杭州 : 浙江教育出版社, 2019.1（2020.10重印）
ISBN 978-7-5536-7937-2

Ⅰ. ①山… Ⅱ. ①小… Ⅲ. ①历史地理—中国—古代 Ⅳ. ①K928.631

中国版本图书馆CIP数据核字(2018)第228454号

责任编辑 陈德元　　美术编辑 曾国兴
责任校对 李　剑　　责任印务 沈久凌
特约编辑 张　艳　　产品经理 张安琪　李　超

山海经

小岩井　译注

出版发行 浙江教育出版社
（杭州市天目山路40号　电话：0571-85170300-80928）
印　　刷 北京盛通印刷股份有限公司
开　　本 880mm×1230mm　1/32
成品尺寸 145mm×210mm
印　　张 15.25
字　　数 274000
版　　次 2019年1月第1版
印　　次 2020年10月第8次印刷
标准书号 ISBN 978-7-5536-7937-2
定　　价 65.00元